藏书记事忆人

藏书·记事·忆人

作　者　熊光楷

收藏者　熊光楷　寿瑞莉

书画专辑

新华出版社

图书在版编目(CIP)数据

藏书·记事·忆人：书画专辑／熊光楷著.－北京：新华出版社，2011.3
ISBN 978－7－5011－9566－4

Ⅰ．①藏… Ⅱ．①熊… Ⅲ．①汉字－书法－收藏－中国②绘画－收藏－中国
Ⅳ．①G894

中国版本图书馆CIP数据核字(2011)第032186号

藏书·记事·忆人：书画专辑

责任编辑：王　婷
封面设计：北京美天时彩色制作中心
出版发行：新华出版社
网　　址：http：//press.xinhuanet.com　　http：//www.xinhuapub.com
地　　址：北京石景山区京原路8号
邮　　编：100040
经　　销：新华书店
设计制作：北京美天时彩色制作中心
印　　刷：北京市京津彩印有限公司
开　　本：710mm×1000mm　1/16
印　　张：22.25
字　　数：270千字
版　　次：2011年3月第一版
印　　次：2011年3月北京第一次印刷
书　　号：ISBN 978－7－5011－9566－4
定　　价：58.00元

温馨提示：本社"新华版短信书友会"新书直订 发短信至：13651277005
　　　　　本社图书策划中心诚征品位畅销选题 发邮件至：xhchzx@163.com

购书热线：010－63077122 中国新闻书店购书热线：010－63072012
图书如有印装问题请与出版社联系调换：010－63073969

目录 CONTENTS

序 言 ◑

第一部分：中国绘画 ◑

第二部分：中国书法

第三部分：外国书画

序言

藏书助我颐养深情
——2008 年版《藏书·记事·忆人》序

我爱好收藏。我爱好收藏的,不是奇珍异宝、古董字画,而是签名书。古今中外的签名书都在我收藏之列。有时候,斯人远去,收藏签名书有困难,我也以收藏盖章书为乐。古人写信,见字如晤,古人掌军,见印如令。通过这些签名书和盖章书的收藏,我和这些作者们也如同可以会面,可以交谈,可以聆听他们在书中的叙说。

我对签名书的收藏,缘起于《邓小平文选(第三卷)》。《邓小平文选(第三卷)》出版于 1993 年 10 月。1994 年,邓榕送给我一本精装的《邓小平文选(第三卷)》,在书前印着"全世界无产者,联合起来!"的那一页,留着邓小平同志的亲笔签名,落款时间是 1994 年。邓小平同志诞生于 1904 年 8 月 22 日,1994 年恰好是邓小平同志 90 寿辰。能在邓小平同志 90 寿辰之际得到他的亲笔签名书,让我深感荣幸。

《毛泽东选集》盖章本

　　正是由于这本《邓小平文选（第三卷）》的特殊意义，所以1994年虽然距今已有十几个年头，我还能清晰记得那一天的激动与振奋之情。当我翻开熟悉的亮黄色的封面，邓小平同志的签名立即跃入眼帘。笔迹清晰光亮，犹如新写出来一般；笔锋劲峭有力，秀拔刚硬，简约中透着力度，全然不似出自一位90高龄的老人之手。真是字如其人，毛主席

全世界无产者，联合起来！

《邓小平文选（第三卷）》签名本

评价邓小平同志"柔中有刚，绵里藏针"，邓小平同志的签名，就是这种鲜明性格特征的生动体现。

　　邓榕赠送给我《邓小平文选（第三卷）》的时候，也许不会想到，这本书竟然打开了我生活的另一扇大门。在此之前，我也收藏过一些签名书，但都是零零星星的，总共也只有几十本。从那以后，我开始一发不可收拾地系统收藏各类签名书、盖章书。到今天，我收藏的签名盖章书已超过2000册，作者更是遍及全球，有中外名人，也有师长亲友。

在这里，除上述邓小平同志的签名书，我还要说说我收藏的毛泽东同志、江泽民同志和胡锦涛同志的签名书和盖章书。

走上签名书收藏之路后，我最想得到的是毛泽东同志的签名书，但这无疑是个奢望。现存于世的毛泽东手迹，大都珍藏于博物馆、档案馆中，即使有少量流入民间，也都被珍如拱璧地保存着，连亲眼看看都很难，更别提纳入我的藏品行列了，但我仍心有不甘。

1998年4月，我因为工作关系到湖南韶山冲参观。在毛泽东同志纪念馆，我看到了一枚明黄色石料雕刻的龙钮大印，上面镌刻着"毛泽东"三字。这勾起了我梦寐以求的收藏念头。当时的湖南省省长杨正午同志陪同我们参观。我当即和杨正午同志商量，能否请纪念馆的工作人员在打开玻璃罩清理灰尘的时候，为我钤章留念。杨正午同志同意后，我又当即买了一本《毛泽东选集》四卷合订本，留了下来。

回京后不久，我收到了这本钤盖毛主席印章的《毛泽东选集》。纪念馆的同志还附来一信，说："这枚'毛泽东'印章，是我国著名金石篆刻家邓散木为毛泽东同志精心刻制的。毛泽东同志对此印十分钟爱，并将其加盖在他特别喜爱的书籍上。"

《江泽民文选》签名本

这样，虽然我无缘得到毛泽东同志的亲笔签名书，但能有幸得到盖章书，也算了偿了夙愿。

由于工作关系，我还得到多本江泽民同志的签名书。其中第一本是《江泽民论社会主义精神文明建设》（中央文献出版社，1999年8月）。那是1999年盛夏，当时江泽民等中央领导同志正在北戴河办公，有一天，在江泽民同志接见并宴请我分管的单位的科技人员后，我拿出一本刚刚出版的《江泽民论社会主义精神文明建设》，请他签名。当时，江泽民同志已经知道这本书出版了，但还没有见到，因此，

胡锦涛《在"三个代表"重要思想理论研讨会上的讲话》签名本

我得到的应该是此书的第一本签名书。2006 年 8 月,《江泽民文选》(全三卷)出版发行。8 月 10 日,又是在北戴河,我请江泽民同志在三卷《江泽民文选》上一一签名留念。

对于江泽民同志能在百忙中仍然关照我收藏签名书的兴趣爱好,我一直深怀感激。2004 年 8 月,我曾经有机会向江泽民同志展示并汇报我的部分收藏成果。江泽民同志看了之后,还专门题词"学习就是力量"予以鼓励。

早在收藏胡锦涛同志签名书之前,我就收藏有胡锦涛同志签名的创刊号《学习时报》。《学习时报》由中央党校编辑出版，创刊于 1999 年 9 月 17 日，创刊号的头版头条，刊登的是当时兼任中央党校校长的胡锦涛的发刊词《重视学习，善于学习》。2002 年 7 月 5 日，我在陪同胡锦涛同志会见贝宁国防国务部长皮埃尔·奥绍的时候，请胡锦涛同志在《学习时报》创刊号上签了名。

2003 年 7 月 1 日，建党 82 周年之际，"三个代表"重要思想理论研讨会在北京召开，胡锦涛同志在开幕式上发表了重要讲话，我在中南海怀仁堂聆听了讲话。之后，人民出版社出版了讲话单行本。7 月 20 日，在第十四次武官工作会议上，我请胡锦涛同志在这本单行本上签了名。这是我得到的第一本胡锦涛同志的签名书。

人们常说，有一好，必有一累。但我在收藏签名书的过程中，更多感受到的是其中的无穷乐趣。乐此不疲，当然丝毫不觉其累了。

书不能凭空而来，或购，或索。每日读书看报，我都会仔细留心出版信息，遇到好书，立即设法购买。当然，朋友们的书，我还可以索要。索书有索书的技巧，可以托人，可以寻找机会与作者见面，也可以讲课等为"代价"，或以赠书为名"交换"。至今回想起来，历历在目的都是乐趣。

购书、索书必须读书。不读书，既对不起作者的伏案操劳，也对不起作者亲自签名的拳拳苦心。干任何事，强迫总不是好事，只有读书除外。像鲁迅先生海绵挤水一样挤出时间，强迫自己读书，实在是有百利而无一害。读书可以陶冶性情，可以扩大视野，可以提高修养，可以提升境界。读书之后再藏书，用书筑起黄金屋，胸中就有百万兵。因此，对于我这样一个从军半个多世纪的军人来说，藏书，就是为了藏兵。

书到用时方恨少，事非经过不知难。在浩瀚的世界大势中，一个人永远都只是浪花一朵，他的亲身经历永远都只是事情的一些侧面。要想比较全面地了解事情的来龙去脉，一个重要渠道就是读书。手捧书卷，或者潜心研读，或者随意浏览，或者快速搜索，或者直取所需，我常常能够"撞"见自己曾经经历的往事。在一个人的记忆里，往事如烟，但在书本上，往事却是清清楚楚的白纸黑字。读书可以勾起我对许多事情的回忆，可以补充完善我对许多事情的认识，可以使我在回首往事的时候得到许多启示，从而启发我积极而主动地面向人生，面向未来。因此，藏书，也是为了记事。

购书、索书、读书、藏书，像蚂蚁一样辛苦，像蜜蜂一样勤劳，既是为了书，更是为了人。书不仅是知识，而且还是媒介。检点自己的藏书，仿佛是与人类的众多精英分子进行跨时空的精神交流，又仿佛是与我的众多朋友倾心交谈，互通款曲。因为这些书，既使我想到那些名垂青史的革命前辈、开国元勋、外国政要、文学巨匠、科学泰斗、经济学大师，又使我想到那些曾经费心帮助我搜集签名书或者将他们收藏的签名书赠给我以成我之美的朋友们。以书鉴人，以书会友，无论他们多么伟大还是多么平凡，都对我如何做人有帮助，对我如何看待人生有益处。因此，藏书，还是为了忆人。

藏书、记事、忆人，对我来说，这已不仅是单纯的爱好，而是一种修养身心的方式。明代张岱曾经说过："人无癖不可与交，以其无深情也。"因此，藏书之癖，有助于我颐养深情。

（本文原为 2008 年版《藏书·记事·忆人》序言，收入本书时删去了文末鸣谢部分。）

由实而虚的艺术升华
——《藏书·记事·忆人：书画专辑》序

　　我从军半个多世纪，主要习武。退出现役后，主要学文。我的"学文"，有一个主轴，就是藏书、读书、用书，徜徉在我几十年间搜集到的签名盖章书的海洋中。多年来，我一直是签名盖章书收藏的爱好者。至今，我收藏的签名盖章书已逾3000册。早在十多年前，我就有一个心愿，退休后要好好读一读这些书，好好写一写这些书。因此，还在季羡林先生健康工作的时候，我就利用一次外事活动的机会，请他为我构思中的丛书写作计划题写了"藏书·记事·忆人"的书名。

　　2008年初，我的第一本《藏书·记事·忆人》出版。这本书带有一定的综述性质，概貌性地介绍了我的藏书。2009年10月，在举国欢庆新中国60华诞之际，我又出版了一本《藏书·记事·忆人：印章专辑》，专题性地介绍了我收藏的盖章书。这本新出版的第三本《藏书·记事·忆人》是"书画专辑",专门介绍我收藏的签名盖章的书法绘画作品集。

今天,当书画与收藏联系在一起的时候,人们的第一反应往往就是书画真迹的收藏,然后就会想到市场价值几何。很少有人收藏书法绘画的作品集,专门收藏作者签名盖章的书法绘画作品集的就更少了。我为什么情注其中而且乐此不疲呢?一是因为我爱好艺术,在工作与生活中又常常能够接触到许多著名的艺术家,有便利条件。另一方面,我更乐于和这些艺术家通过交谈感悟艺术境界,更看重他们书画作品中的精神蕴藉,而不是经济价值。况且,直接收藏书画需要以经济实力做后盾,收藏的数量会受到很大限制,而相对而言价格低廉得多的书画作品集,内容却丰富得多,可以囊括艺术家各个时期的代表作。现在的印刷技术又是那么先进,捧览精美画册,其效果即使不如原作,但对业余爱好者来说也相差不是很多了。

这本"书画专辑"共分为三部分:中国绘画、中国书法和外国书画。我发现,无论东方西方,无论艺术的形式和技法如何千差万别,其优秀的作品都有共同之处,那就是,它们都妥善处理好了虚与实的关系,源于生活,又高于生活,在生活之实的基础上,通过艺术家灵心巧手的提炼与升华,实现了艺术之虚,将美呈现给世界。

以中国绘画为例。人们在对中西绘画进行比较的时候,常说中国画的长处在于写意,西洋画的长处在于写实。一些人把透视和比例作为重要标准，以此批评中国的写实不如西方。这是不恰当的。实际上，传统中国画的写实非常优秀，无论三国时期的"曹衣出水"，还是唐代的"吴带当风"，都达到了相当高的水平，而其年代距今都已一两千年。只不过中国的写实不像西方的写实讲究几何规律一般的透视和比例。早在 1700 年前，在中国绘画理论初创时期，晋代的著名画家、绘画理论家顾恺之就指出，"手挥五弦"难画，而"目送飞鸿"更难画，因此他提出了"传神论"，认为绘画的根本在于"传神"，要"以形写神"、"迁想妙得"。顾恺之提出了一个很高的标准，并被后代的无数中国画家遵从，特别是中国文人画兴起之后，在写实的基础上，以追求神似和意趣为特征的写意画得到了飞跃发展。

在写实和写意的关系中追求写实基础上的写意，这是中国绘画发展的一个重要脉络。尤其是近代以来，这个脉络更加彰显。写意之外，还有大写意，有泼墨，有彩色泼墨。从齐白石、徐悲鸿，到今天的冯远、刘大为，虽然他们风格各异，擅长的绘画门类也不尽相同，但无一例外都能虚实结合，意在画外。齐白石老人说"妙在似与不似之间"，他画的虾之所以栩栩如生，既是因为他笔下的虾活灵活现，画出了"神"，也是因为他对虾的基本情态有准确的把握，没有脱离虾的"形"。这就是"似与不似"之妙，或者如古人所说的"无法中有法"、"入乎规矩之中，超乎规矩之外"。

在中国，自古就有"书画不分家"的说法。与中国绘画写实与写意的关系相呼应，我认为，中国书法的实质是要处理形与神的关系。因为书法是一种从实用中脱胎而出并上升到审美范畴的艺术形式，实用性是书法的根基。无论是最初的象形文字，还是后来的形声字，中国的文字都以"形"为基础，而其中又以楷书的"形"为关键。中华文明绵延至今，绝大多数文字以楷书为载体。楷书的"形"带有浓厚的"正式的"与"官方的"色彩，也称"正书"或"真体"，"神"附着于"形"，因此，楷书的"神"就是堂堂正正的端严庄重之"神"。

我收藏的签名盖章书法集，大都集中于当代，既有林散之、启功的盖章本，又有欧阳中石、沈鹏等当代名家的签名本，还有张海、苏士澍、申万胜等当今书法界领导的签名本。我发现，这些书法名家虽然都精通多种字体，但他们作品最多的往往还是行书和草书。林散之是典型的大器晚成的艺术家，他自称"六十岁后才学草书"，但他独辟蹊径地以汉隶功底研习草书，以拙补巧，使古老的草书展现了新的生机。无独有偶，中国书法家协会现任主席张海也是在胸有成竹之后又不拘成法，将他擅长的隶书、行草、汉简结合起来，开创了草隶书写的新境界。可以说，书法史的发展，有一个从形到神的脉络；具体到每一位杰出的艺术家，也有一个不断从形到神，突破成法，超越自己的过程。如果说"形"是书法的根基，那么，"神"就是艺术家游心万仞的自由境界。

由于从事对外军事交往工作的原因，半个多世纪以来，我陆陆续续地几乎走遍了世界各地。每到一地，在工作之余，只要有可能，我都尽量挤出时间到剧院欣赏戏剧，到音乐厅聆听演奏，或者到博物馆和画廊欣赏绘画与雕塑。在参观的过程中，以及通过一些朋友的帮助，我陆续收藏了一些国外著名画家或者画廊的画册，得到了签名或者盖章。在我的藏书中，外国图书是一大门类，其中就包括这些精美的画册。收集在这些画册中的绘画作品，以油画为主，实际上，我们今天常说的西洋画，主要也是指兴起于文艺复兴时期的油画。

我曾经来到法国卢浮宫，观摩《蒙娜丽莎》的原作。看着画面上那个似笑非笑的神秘女性，我突然意识到，这里实际上是西方绘画的现实主义源头。文艺复兴之前，西方绘画几乎完全是宗教题材的天下，寥寥无几的现实题材，画的基本上也都是王公贵族。只有到了文艺复兴时期，蒙娜丽莎这样的普通平民（也有人猜测蒙娜丽莎是贵族，但也绝不是可以被载入史册的显宦贵胄），才进入画家的视野。而油画的诞生，恰好给了这种以常人入画的艺术取向有力的现实主义的途径。因此，文艺复兴以来，西方油画无论源头还是主流，都是现实主义。

但是，进入19世纪之后，现实主义主流发生了一些变化。画家不再满足于画室里刻板的静止的人体与静物。他们背起画夹走到室外，走向田野，变动的风景和自在劳作的人们占满了他们的视野。更重要的是，对瞬息万变的"光"的追求，以及用画笔展示人类心灵微妙变化的尝试，使油画从现实走向抽象，进入一个新的发展阶段，形成了印象派、后印象派、野兽派、立体派、表现主义、达达主义、未来主义、超现实主义等众多现代流派和新的绘画技巧。

中国画的实质是处理写实与写意的关系，主要倾向是在写实之中突出写意；中国书法的实质是处理形与神的关系，主要倾向是在形的基础上追求神韵；外国绘画的实质是处理现实与抽象的关系，主要倾向是从现实的表象中抽象，去挖掘心灵的体验——这就是我收藏签名盖章书画集并研读学习的心得。

今天，我们生活在一个文明多样化、文化多元化的地球村里，各种艺术形式的交流融合成为世界性的潮流。特别是在中国，随着我国经济的高速发展，人们的精神文化生活也极大地丰富发展起来，艺术百花园里更是呈现出争奇斗艳的繁荣景象。这种"争奇斗艳"并不是非此即彼地排他，或者三六九等地优劣排序，而是各展所长，各施其能，各擅胜场，竞相吐芳。中国美术家协会现任主席刘大为曾对我说，当今的国画创作已进入一个名家辈出、整体水平全面提高的"高原时期"。我非常赞同他的观点。同时我想，何止国画创作，中国的书法艺术、中国其他门类的艺术实践，不也借着改革开放和东西文化交流的春风，正在攀登新的高峰吗！到那个时候，我的收藏爱好一定能够得到更多收获，从我收藏的书画作品集里一定能够得到更多美的陶冶、美的享受。

本书作者熊光楷与中国美术家协会主席刘大为合影

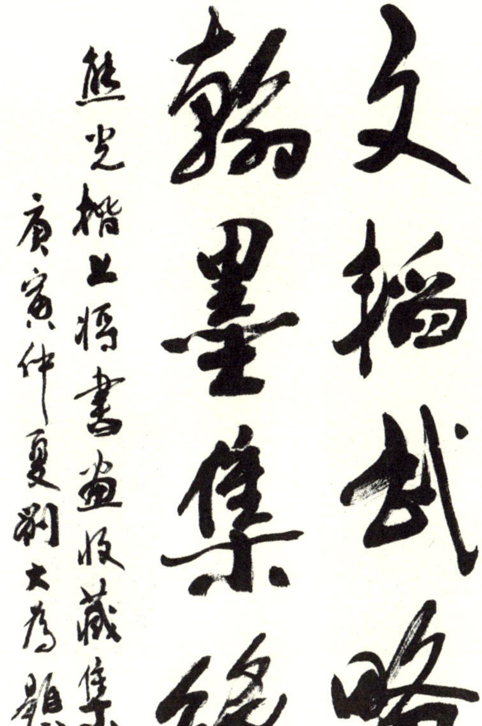

文韬武略
翰墨集缘

熊光楷上将书画收藏集

庚寅仲夏刘大为题

中国美术家协会主席刘大为题词：文韬武略　翰墨集缘

17

本书作者熊光楷与中国书法家协会主席张海合影

中国书法家协会主席张海题词：书海无涯

藏書記事憶人

书画专辑

第一部分

中国绘画

齐白石：大匠之门　天然之趣

《齐白石画集》
荣宝斋
1952 年 5 月

　　齐白石是享誉中外的人民艺术家，是中国国画的一位里程碑式的人物。他的笔下，花鸟虫鱼，涉笔成趣，世俗情趣融于文人雅趣，以"不似之似""画前人所未画，发前人所未发"，对中国现代写意画产生了开创性的影响。

　　齐白石自 1919 年之后，一直定居北京。在北京，他以 57 岁之龄，勇敢地变革自己已经形成的绘画风格，完成了"衰年变法"，形成了"红花墨叶"的代表风格，使自己的艺术得到进一步升华。但奇怪的是，北京有许多名人的纪念馆或故居，却很难

盖在《齐白石画集》上的"齐白石"印（上图），白文，尺寸：2.6cm×2.6cm；"借山翁"印（下图），朱文，尺寸：2.8cm×2.8cm。

找到大艺术家齐白石的。我和我的夫人寿瑞莉在收藏书画签名册的时候，常常喜欢参观这些书画家的纪念馆或故居，以增加感性认识，丰富自己对书画的理解。可是，在北京，齐白石的纪念馆该到何处寻觅？

2010年10月，我们从报纸上看到一则消息，为庆祝北京画院美术馆成立5周年，将举办"真有天然之趣——北京画院藏齐白石精品展"。11月5日上午，我们夫妇来到了位于北京朝阳区的北京画院美术馆。出乎预料的是，我们居然在这幢4层楼高的现代化的美术馆内看到了齐白石纪念馆。

原来，成立于1957年5月14日的北京画院，其首任名誉院

2010 年 11 月 5 日，作者与夫人寿瑞莉在齐白石纪念馆前合影。

长就是齐白石。1957 年齐白石在北京逝世后，国家曾决定在北京建立"齐白石纪念馆"，但因种种原因，"齐白石纪念馆"未能开馆。这成为半个世纪以来美术界的一大憾事。原"齐白石纪念馆"工程下马后，纪念馆中的藏品被北京画院保存。其中，除白石老人的绘画、书法、创作图稿、印章、手札等作品外，还包括家属捐赠的一批珍贵生活图片和白石老人生前的生活用具。这些珍贵文物，成为研究齐白石艺术最权威、最真实可靠的第一手史料。目前，北京画院被认为是拥有齐白石作品数量最多、种类最全的机构。作为北京画院标志的"大匠之门"印章，就出自齐白石刻刀之下。而齐白石生前居住的跨车胡同 13 号（由于原来门前建有铁栅栏，又被齐白石称为"铁栅画屋"），虽然被定为齐白石故居，但至今没有开放。

今天的齐白石纪念馆位于北京画院美术馆四层，虽然不是青砖灰瓦的四合院，但通过大量齐白石真迹，以及齐白石生前使用的画案、毛笔、砚台、眼镜、书橱等等物品，还是能够直观地感受到这位大艺术家的晚年生活。我和夫人饶有兴趣地参观了齐白石被授予"国际和平奖金"的证书，上面印着毕加索画的和平鸽。而在"真有天然之趣——北京画院藏齐白石精品展"中，就有一幅以鸽子为主角的《和平》（1952年）。就中西方绘画而论，齐白石与毕加索无论是地位、影响力，还是90多岁高龄长寿的特点，都存在着有趣的相似之处，没想到他们还都通过画和平鸽表达过祈盼和平的心愿。虽然齐白石的鸽子与毕加索的鸽子画法不同，形象相异，但艺术的魅力却是相通的。

令我们感兴趣的还有一张1940年齐白石亲笔所书贴在门前的告示。当时，北京被日本侵占，齐白石为了反抗日寇及汉奸的骚扰索画，在门口贴出如下告白："中外官长，要买白石之画者，用代表人可矣，不必亲驾到门。从来官不入民家，官入民家，主人不利。谨此告知，恕不接见。庚辰正月，八十老人白石拜白。"这份实际上是谢客令的告白，显示了老人的民族气节和无畏精神。

北京画院将齐白石精品展定名为"真有天然之趣"，可谓别有匠心。这几个字取材于一张只有20.5厘米宽28厘米高的很小的图稿，齐白石在上面画了一只轮廓简略、稚气可爱的小鸟，题跋写道："己未六月十八日，与门人张伯任在北京法源寺羯磨寮闲话，忽见地上砖纹有磨石印之石浆，其色白，正似此鸟，余以此纸就地上画存其草。真有天然之趣。"北京画院的主办者认为，"真有天然之趣"正是齐白石的写照，因为齐白石的艺术就是一个"真"字。

细细观摩展览中的齐白石精品，真有大开眼界之喜。展览中

　　齐白石 1952 年的画作《和平》。画中的鸽子黑羽红嘴，活泼可爱，表达了老人对和平的祈盼。

　　齐白石获得 1955 年度"国际和平奖金"的证书。证书上的和平鸽为毕加索所绘。

　　"真有天然之趣"的展名取自一张只有20.5厘米宽28厘米高的
很小的图稿，齐白石在上面画了一只轮廓简略、稚气可爱的小鸟，
题跋写道："己未六月十八日，与门人张伯任在北京法源寺羯磨寮闲
话，忽见地上砖纹有磨石印之石浆，其色白，正似此鸟，余以此纸
就地上画存其草。真有天然之趣。"北京画院的主办者认为，"真有
天然之趣"正是齐白石的写照，因为齐白石的艺术就是一个"真"字。

　　既有齐白石特色的花鸟虫鱼，配有充满机智与趣味的题跋，也有
一些齐白石的早年作品。特别是一些工笔昆虫，精微高妙，需要
配合放大镜才能欣赏其栩栩如生的动感与情态。这也使我们大为
惊讶于齐白石的工笔功夫，与他晚年粗犷豁达的写意作品异趣而
同妙。另外，我们还看到了齐白石的许多画稿，上面留着齐白石
对如何构图、如何设色思考与修改的痕迹，让我们感叹于中国画
貌似不修边幅、率真写意背后的严谨钻研与精益求精。我们常常
想象画中国画会比较容易，只要胸中有丘壑，打好腹稿就能在画
纸上一挥而就。而实际上，国画有时候也像西洋画那样需要反复

中外官长要买白石之画者用代表人可矣不必亲驾到门。从来官不入民家，官入民家主人不利。谨此告知，恕不接见。庚辰正月八十老人白石拜白

1940年，齐白石为了反抗日寇及汉奸的骚扰索画，亲笔写了一张告白贴在门前："中外官长，要买白石之画者，用代表人可矣，不必亲驾到门。从来官不入民家，官入民家，主人不利。谨此告知，恕不接见。庚辰正月，八十老人白石拜白。"显示了老人的民族气节和无畏精神。

推敲、反复打草稿。

我和我的夫人很幸运，我们的藏书中就有齐白石的盖章书。2010年3月25日，在上海的一位朋友陪同下，我参观了上海嘉泰拍卖有限公司的拍品预展，发现其中有一幅齐白石后人的画。一聊，知道他们与齐白石的后人有联系，于是拜托他们询问齐白石的后人是否藏有老人的印章，能否为我们钤章纪念。7月17日，他们从上海送来一本《齐白石画集》，上面盖着两方印："齐白石"与"借山翁"。

这两方印，一方朱文，一方白文，正是典型的齐白石风格。

　　《齐白石画集》中刊登的鲫鱼图。《齐白石画集》是荣宝斋木版水印版，裱本经折装，五彩织锦面，共收齐白石典型的绘画作品22幅。木版水印是2006年被列入第一批非物质遗产保护名录的传统印刷技术，由多块彩色版块，由浅入深，多次手工叠印而成，因此颇具收藏价值。《齐白石画集》刻板精美，套色精细，虽然已经半个多世纪，但仍然色泽鲜亮，宛如白石老人亲笔所绘。

齐白石一生，画绝，印也绝。在篆刻艺术上，他常说自己"不知有汉""胆敢独造"。他惯用冲刀手法，单刀直入，浑厚粗犷，自然而又不失神韵。他自己也常以"三百石印富翁"自号。

这本《齐白石画集》也很珍贵。它是1952年5月的荣宝斋木版水印版，裱本经折装，五彩织锦面，共收齐白石典型的绘画作品22幅。据说，每一册装裱锦面的图案都不一样，形成了每一册的唯一性。木版水印是2006年被列入第一批非物质遗产保护名录的传统印刷技术，学名是古代彩色版面印刷术，由多块彩色版块，由浅入深，多次手工叠印而成，因此颇具收藏价值。这本《齐白石画集》刻板精美，套色精细，虽然已经半个多世纪，但仍然色泽鲜亮，宛如白石老人亲笔。

我们特别欣赏这本书对齐白石艺术风格的评价：

他的作品是从对自然景物精深的观察中来，具有形神兼备真实生动的特色；从他的作品中我们能够清楚地看到作为一个真正艺术家的那种勤朴不倦的劳动热情和对生活景物那种细腻精心的观察能力，以及表现景物那种富有精练创造才能的匠心。特别应当指出的齐白石的作品是接受了民间的表现技法，使他的作品具有明朗、健康、清新、愉快、生气勃勃的民族风格和气魄。这就是齐白石作品中所具有的艺术价值和最宝贵的艺术性格。

这段话写于1952年，当时齐白石还在世。时隔半个多世纪再看，这段话仍然有助于我们欣赏、品味齐白石的艺术精髓。

有意思的是，最近我们看到一段记载，1956年，中国画家张仃曾在法国将一套木版水印的《齐白石画集》赠送给毕加索。这是东西方大艺术家的一次没有见面的交流。也许，当时赠送给毕加索的《齐白石画集》，就是我们收藏的这种呢！

第一部分 中国绘画

徐悲鸿：融汇中西开新路

《艺术巨匠徐悲鸿》
中国和平出版社
2002 年 9 月第二版

　　我家位于中华世纪坛附近。中华世纪坛的重要展览，我和夫人寿瑞莉常常会有兴趣前往参观，增长见识，陶冶性情。2008 年 12 月 24 日，我在中华世纪坛参观云南重彩版画展时，巧遇徐悲鸿之子、中国人民大学徐悲鸿艺术学院院长徐庆平。我们一起参观了画展，又拾级而上，来到中华世纪坛的"中华文化名人"雕塑长廊。

　　"中华文化名人"雕塑长廊共计划安放高 2 米的青铜雕塑 40 尊，以我国古今在文化、教育、科技等领域最具代表性和影响力

盖在《艺术巨匠徐悲鸿》上的"徐悲鸿"
印，尺寸：2.7cm×2.7cm。

的"第一人"为表现对象，宣扬那些凝聚并确立了我们这个时代
所崇尚的价值理念的名人，昭示出中华民族自尊、自豪与自信的
精神气象。我和徐庆平登临此处的原因，是一尊徐悲鸿的雕像刚
刚在此落成。

雕像中的徐悲鸿相貌清瘦，身着长衫，手里拿着一支毛笔，
颇有艺术家气质。我和徐庆平在雕像前留影，表达了对我国现代
绘画的这位重要开拓者的崇敬之情。

凡是对我国文化艺术稍有知识的人，就没有不知道徐悲鸿的。
他的一生横跨三个时代，晚清、民国和新中国。过去我们最熟悉
的是徐悲鸿"一洗万古凡马空"的大写意水墨奔马图。但徐悲鸿
的造诣和影响力远远超出了画马的范畴。2009年底，徐庆平将一
本徐悲鸿夫人、徐悲鸿纪念馆馆长廖静文盖章的《徐悲鸿一生：
我的回忆》赠送给我。2010年，我和夫人寿瑞莉又从廖静文处得
到盖有徐悲鸿印章的画册《艺术巨匠徐悲鸿》（中国和平出版社，
2002年9月第二版）。通过仔细阅读这两本书，我们对徐悲鸿有

第一部分　中国绘画

2008年12月24日，作者与徐悲鸿之子、中国人民大学徐悲鸿艺术学院院长徐庆平在中华世纪坛穿长衫的徐悲鸿雕像前留影（左图）。

2010年8月26日，作者来到即将闭馆大修的徐悲鸿纪念馆参观，在穿西装的徐悲鸿雕像前留影（右图）。

一个穿长衫的徐悲鸿雕像，一个穿西装的徐悲鸿雕像，二者对立统一地表现出了徐悲鸿融汇东西、为中国绘画开辟新路的历史贡献。

徐悲鸿画的幼年徐庆平素描。

作为一位美术教育家，徐悲鸿非常重视素描在美术基本功教育中的重要性。他自己也身体力行地画了许多素描作品。

2009 年底，徐庆平将一本徐悲鸿夫人、徐悲鸿纪念馆馆长廖静文盖章的《徐悲鸿一生：我的回忆》赠送给作者。

了更深的认识。

徐悲鸿 9 岁的时候开始跟随精通绘画的父亲学画，13 岁的时候由于家乡大水又随父亲出外谋生，街头卖画是他们的重要谋生手段，到 17 岁的时候徐悲鸿已经成为故乡宜兴的知名画师。从这个意义上说，徐悲鸿是纯粹从民间起步的国画家。在徐悲鸿的艺术早期，与艺术创作紧紧相伴的，是饥寒交迫。有一次，他接到一个订单，要 7 天才能画完，而他的身上只剩下了 5 个铜板。

但就是这样一位年轻的民间画师，在不竭的艺术追求中，培养起国际化视野，以及祛除旧习、革新中国绘画的抱负。他认为，当时"中国画学之颓败，至今已极矣"，要进行革新，必须"古法之佳者守之，垂绝者继之，不佳者改之，未足者增之，西方绘画可采入者融之"。1919 年 3 月，已经在中国艺坛显露头角、被北京大学聘为画法研究会导师的徐悲鸿毅然放弃已有的名望地位，远赴欧洲学习西方艺术，并且一去就是 8 年，直到全面掌握西洋绘画的技术与理念，才学成回国。在徐悲鸿回国的 1927 年，

　　徐悲鸿1937年创作的《风雨鸡鸣》，反映出中国人民在日本全面侵华战争爆发之际的不屈精神。徐悲鸿的国画，常常能够表现出油画中的力度，这是徐悲鸿致力于融汇中西绘画的结果。

徐悲鸿分别采用东西方技法绘制的漓江山水图，国画充满笔墨韵味，油画具有印象画的特点，反映出徐悲鸿绘画艺术中不太被人关注的另一面。

第
一
部
分
中
国
绘
画

他有9幅作品入选法国国家美展，这在中国画家中是绝无仅有的，显示出他的西洋画水平已经跻身世界一流。

回国后的徐悲鸿已经不再是藉藉无名的民间画师，而是学贯中西，并且融会于胸。他投身于革新中国绘画的现实主义运动，进行着中国画、西洋画的艺术创作，创作出《田横五百士》《九方皋》《愚公移山》等艺术巨作，同时，他致力于建立系统、科学的美术教育体系，担任了北平艺术专科学校校长等职。他力排众议，把齐白石聘为北京艺术学院教授，使这位对国画发展具有开创性的老人更加为人所知。他还积极地走向世界，向世界宣传中国现代绘画发展的新境界。

新中国成立时，徐悲鸿担任中央美术学院院长、全国美术工作者协会主席，是新中国美术界的领导人物。虽然他仅仅在世58年，但他的艺术探索伴随着中华民族从近代走向现代，成为中国现代艺术发展的开拓者、引导者、参与者。周恩来曾经赞扬徐悲鸿的作品融汇了古今中外的技法，认为他的油画和素描也具有民族风格，是他自己生活年代的一位艺术大师。

徐悲鸿去世后，廖静文及子女将徐悲鸿遗作1200多幅及其收藏的唐、宋、元、明、清及近代名家作品1000余幅，珍贵资料万件全部捐献给国家，并且捐出住宅修建成徐悲鸿纪念馆。后来因为修地铁，徐悲鸿纪念馆改到北京新街口北大街。

2010年8月26日上午，我从报纸上得悉，由于要进行规模较大的改扩建，徐悲鸿纪念馆将于当年9月1日起闭馆两年。我立即决定当天下午就前往参观。目睹原作，使我对徐悲鸿的艺术有了更深的理解。我看到徐悲鸿用国画技法画的雄鹰和雄鸡，那苍劲有力的喙与爪都不像是柔软的毛笔画出，而带有西洋绘画的力度。徐悲鸿上个世纪30年代在漓江写生时画的桂林山水，无论国画还是油画，都空灵飘逸，带有写意画或印象派绘画的特点，这也突破了我对徐悲鸿现实主义艺术风格的认知习惯。过去我常常听到人们对徐悲鸿国画与油画艺术的赞美，但实际上，徐悲鸿的素描功力也非同凡响，展品中的幼年徐庆平头像素描惟妙惟肖，与今天的徐庆平仍然有很多神似之处。

据徐悲鸿纪念馆的同志介绍，廖静文虽然已经88岁高龄，但她仍然坚持每天上班。这更增加了我对老人的尊重。

走出展馆，我在徐悲鸿的立像前留影。这是一座身穿西装的徐悲鸿雕像，双手分别拿着油画笔和调色板。想到中华世纪坛身穿中式长衫的徐悲鸿雕像，我突然意识到，无论是穿长衫的徐悲鸿雕像，还是穿西服的徐悲鸿雕像，都传神地塑造了徐悲鸿的精神面貌，因为融汇中西、为中国现代绘画开辟新路正是徐悲鸿艺术生命的最大追求。

我们收藏的画册《艺术巨匠徐悲鸿》由徐悲鸿纪念馆编印，里面的图画，无论国画、油画还是素描，都是徐悲鸿纪念馆的陈列品，能够很全面地反映徐悲鸿的艺术生涯以及徐悲鸿纪念馆的展品精华。

黄镇：画记长征唯一人

《长征画集》
人民美术出版社
1986年8月第四版第四次印刷

　　2006年是伟大的二万五千里长征胜利70周年。当年夏天，总参发出通知，为纪念这个特殊的日子，决定举办一次老将军书画展，向总参系统的老干部征集作品。接到这个通知，我陷入了沉思。正如毛主席所说，长征是宣言书，是宣传队，是播种机。无论在我们党、我们国家，还是在我们军队的历史上，长征都是永恒的丰碑。作为一名老共产党员、老军人，在这个特殊的日子里，我必须有所表达。可是，我素无练习书法、绘画的习惯，该以什么形式参与这个活动呢？

我想到了我的珍贵"库藏"：数千本签名盖章书。参加革命工作后，我得到了许多前辈的帮助和指教，也有幸认识了许多大名鼎鼎的革命先驱，其中不少人就是参加过长征的老一辈无产阶级革命家。收藏他们的签名盖章书，是我收藏工作的重中之重。而在一系列签名盖章的革命传统书籍中，就有一本与长征直接有关的画册——将军外交家黄镇的《长征画集》（人民美术出版社，1986年8月第四版第四次印刷）。

　　黄镇是安徽桐城人，早年曾在刘海粟为校长的上海高等美术学校读书，毕业后担任过中学美术教员。1931年12月在江西参加著名的宁都暴动，加入红军并且参加了二万五千里长征。新中国成立后，黄镇离开军事工作，进入外交部，曾任驻法国大使、驻美国联络处主任等，1977年任文化部部长。黄镇的《长征画集》是迄今发现的唯一一部创作于长征途中、全面反映长征历程的美术作品，而《长征画集》的出版及黄镇作者身份的发现，却有一段引人入胜的传奇。

　　在准备展品的过程中，我写下了一段话，里面简略记载了有关《长征画集》的曲折故事。我写道：

　　我一向崇敬追慕长征精神，又一向酷爱藏书，于是黄镇同志的《长征画集》成了我的箧中珍藏。

　　《长征画集》初版由上海风雨书屋印行于1938年，作品是肖华同志托人辗转带到上海的，编者在不知作者是谁的情况下，署上了肖华的名字。1958年，有关机构决定重新印行，找到肖华，才知道作者另有其人。具体是谁，由于年代久远，肖华也想不起了。直到1961年，黄镇同志自国外归来，李克农提起此事，黄镇才回忆起这是长征途中他在极其艰苦的环境中创作的。这是保存至今的唯一一部长征途中创作的绘画作品，生动刻画了红军的豪情壮志和乐观情怀，具有极高艺术价值。

生动刻画了红军豪情壮志和乐观情怀，具有极高艺术价值。

我收藏的这本《长征画集》，扉页上既有黄镇同志的长征纪念章，更有黄镇夫人朱霖同志的亲笔签名，因此更显珍贵。

值此长征胜利七十周年之际，谨以相机翻拍这本珍贵画册中的若干经典画作，连缀成红军长征历程，配以黄镇同志纪念章和朱霖同志签名，以志纪念。

伟大的长征精神永存！

金光楷
二零零六年十月

军队官兵在参观展览。

我一向崇敬追慕长征精神，又一向酷爱藏书，于是黄镇同志的《长征画集》成了我的箧中珍藏。

《长征画集》初版由上海风雨书屋印行于一九三八年，作品是肖华同志托人辗转带到上海的，编者在不知作者是谁的情况下，署上了肖华的名字。一九五八年，有關機構決定重新印行，找到肖華，才知道作者另有其人。具體是誰，由於年代久遠，肖華也想不起了。直到一九六一年，黃鎮同志自國外歸來，李克農提起此事，黃鎮才回憶起這是長征途中他

熊光楷 同志存念

黄镇夫人
朱霖赠
2003年10月16日

作者为参加总参纪念红军长征胜利70周年书画展制作的展品（上图）。作者从《长征画集》中翻拍了《过湘江》《红军彝族游击队》《安顺场》《泸定桥》《下雪山的喜悦》《到了岷县哈达铺》六幅画，以这六幅图画串起红军的长征历程。

盖在《长征画集》上的印章"长征纪念 黄镇赠"。

　　我收藏的这本《长征画集》，扉页上既有黄镇同志的长征纪念章，更有黄镇夫人朱霖同志的亲笔签名，因此更显珍贵。

　　值此长征胜利 70 周年之际，谨以相机翻拍这本珍贵画册中的若干经典画作，连缀成红军长征历程，配以黄镇同志纪念章和朱霖同志签名，以志纪念。

　　伟大的长征精神永存！

熊光楷

二〇〇六年十月

　　的确，一套图画印刷发行了 20 多年，还不知道作者是谁；即使到了作者看到这些画后，还要经过仔细回忆，才能确认这是他的作品。这种在今天看来不可思议的事情，却是经历了革命与战争的真实故事。而一旦这段故事拨云见日显露真相，立即变得经久不衰。我收藏的《长征画集》是 1986 年 8 月的第四版，之前还分别有 60 年代、70 年代、80 年代的第一、二、三版。各次版本都收录了黄镇的全套绘画作品，以及肖华的序言、最早的出

熊光楷 同志,存念,

黄镇夫人
朱霖赠

2003年10月16日

版者阿英的后记,魏传统还为每幅图画题写了诗歌。整本画册布面精装,书名烫金,朴素大方,典雅庄重,保留着浓郁的五六十年代精品图书装帧的特色。

我从《长征画集》中翻拍的黄镇绘画作品分别是《过湘江》《红军彝族游击队》《安顺场》《泸定桥》《下雪山的喜悦》《到了岷县哈达铺》。我希望通过这六幅图画串起红军的长征历程。

我对《长征画集》情有独钟。其中一个重要原因,就是我军隐蔽战线的前辈刘少文将军曾经在《长征画集》的传播与出版过程中发挥作用。刘少文将军早年曾在苏联中山大学学习,后来长期从事翻译、联络和隐蔽战线工作,曾经担任瞿秋白的秘书。1937年卢沟桥事件后,刘少文被调到八路军驻上海办事处工作。在此期间,他积极支持上海的革命读物出版工作。《西行漫记》《鲁迅全集》《钢铁是怎样炼成的》等书籍的出版,都与刘少文的支持有关。《长征画集》由肖华托人从陕北带到上海,又交到阿英手中得以出版,中间的经手人就是刘少文。而我于1959年从军校毕业后,就有很长一段时间在刘少文领导的部门工作。

第一部分 中国绘画

25

　　我对《长征画集》情有独钟还有一个重要原因，是我对黄镇的崇敬。黄镇曾经是百炼成钢的军事家，后来又是我国著名的外交家。而我的职业生涯，也始终与军事和外交密不可分。我曾在工作中见过黄镇。他平和谦逊，有学问，有修养，一点架子也没有，令人望而生敬。后来，我通过戴秉国同志得到了黄镇夫人朱霖亲笔签名盖章的《长征画集》。

　　2006年10月19日，我出席了纪念红军长征胜利70周年书画展开幕式。在众多书画作品中，我翻拍的黄镇长征图画以及朱霖的签名盖章很独特。虽然这些图画并非我的原创，但我想，这样的翻拍与展览，也是对长征精神的一种传承。

李可染：齐黄之徒实者慧

《李可染画集》
北京工艺美术出版社
2003 年 12 月第一版

《实者慧——邹佩珠、李小可、
李珠、李庚捐赠李可染作品集》
文化艺术出版社
2009 年 5 月第一版

2009 年秋，我的《藏书·记事·忆人：印章专辑》出版。9 月 24 日，赶在新中国 60 华诞前夕，在举办《印章专辑》首发式的同时，我与著名雕塑家袁熙坤、中国收藏家协会书画收藏委员会常务主任张忠义一起，在北京金台艺术馆举办了名为"凝聚的历史瞬间"的收藏汇报展。那一天，高朋满座，嘉宾云集。在众多来宾中，我和夫人寿瑞莉接待的一位鹤发童颜的老人，格外引人注目。她就是李可染的夫人、刚刚度过 90 华诞的邹佩珠。

邹佩珠老人当天穿着绛红色中式褂衫，满脸含笑，显得十分

李
朱文
尺寸：2cm×2cm

师牛堂
朱文
尺寸：2.3cm×2.3cm

可染
白文
尺寸：1.9cm×2.9cm

寄情
白文
尺寸：2.5cm×5.3cm

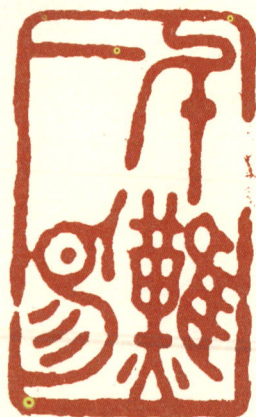

千难一易
朱文
尺寸：3.3cm×5.4cm

邹佩珠印
白文
尺寸：1.8cm×1.8cm

墨天阁女主
白文
尺寸：1.7cm×2.7cm

小可
白文
尺寸：2.8cm×2cm

李珠之印
朱文
尺寸：1.6cm×1.6cm

李庚之印
白文
尺寸：2.3cm×2.3cm

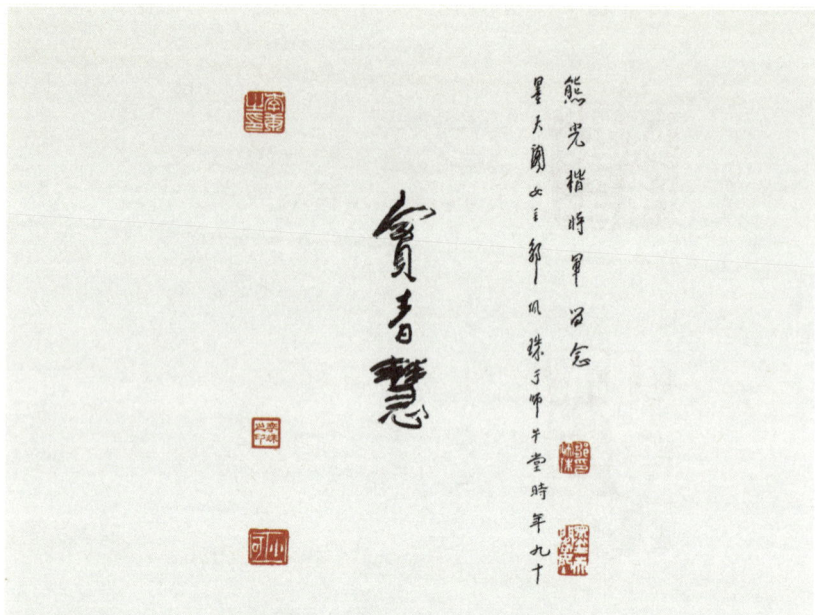

熊光楷将军留念

星天国女士 邹佩珠于师牛堂时年九十

贲者慧

邹佩珠及其子女在《实者慧》上的盖章及签名。

2010年9月27日，李可染的夫人、刚刚度过90华诞的邹佩珠老人在"凝聚的历史瞬间"特藏汇报展开幕式上签到。

喜气。她不但出席了开幕式，而且细细地看了展品，对整个展览体现的收藏者的执著精神给予好评。为此，她对我和夫人寿瑞莉说：人总是要有点精神的。分别后，我将上下两卷的一套《李可染画集》（北京工艺美术出版社，2003年12月第一版）交给张忠义，请他得便时请邹佩珠为我盖上李可染的印章。

令我欣喜的是，不久之后，我的收藏愿望得到了很好的实现。邹佩珠在上卷盖了"千难一易""师牛堂""李""可染"共四方印章，在下卷盖了"寄情""师牛堂""李""可染"四方印章。不但如此，她还签名并赠送给我一本《实者慧——邹佩珠、李小可、李珠、李庚捐赠李可染作品集》（文化艺术出版社，2009年5月第一版）画册，并且在上面盖了李可染的"师牛堂""李""可染"三方印章、邹佩珠的"邹佩珠印""墨天阁女主"两方印章，以及李小可、李珠、李庚等三人的姓名章。张忠义告诉我，一本书上盖了那么多、那么全的印章，非常稀罕、非常珍贵。

《实者慧》是2009年6月在北京画院举办的同名画展的图集。当时展出的主要有李可染中国画作品108幅、水彩画作品13幅。除此之外，邹佩珠及其子女还将李可染书法作品122幅、速写9册，以及李可染生前给予邹佩珠收藏的44件作品一并捐给国家，显示出李可染的家人对祖国文化事业的大爱无疆。展览取名自李可染一方印章的印文："实者慧，学不辍。"李可染曾经说过："天下学问唯老实而勤奋强毅力者得之，机巧不能得也"，因此，只有老老实实、脚踏实地、持续不断学习与做事的人，才会获得真智慧。

翻开《实者慧》画册，第一页印着李可染写给自己的四句话："渔人之子，李白后人，中华庶民，齐黄之徒。"其中，"渔人之子"是指李可染出身贫寒，父亲以打鱼为生，母亲出生于卖菜人家，由于父亲早亡，姐妹又多，李可染16岁就担负起供养全家10余口人的担子。"齐黄之徒"中的"齐、黄"二字可不简

李可染《峡江帆影图》。李可染以"为祖国山河立传"的雄心壮志，创造了被人们称为"李家山水"的现代山水画，最大特点是密、实，"浑化如铸"，达到了以墨胜色、以墨胜彩的境界。然而，在"文革"中，李可染的这种艺术独创却被诬陷为"黑画"。

李可染《牧牛图》。齐白石在图上题写"忽闻蟋蟀鸣，容易秋风起"。除山水画外，李可染也以画牛闻名，他画了40多年牛，他的画室就起名"师牛堂"。

单，因为这代表着中国现代北方南方两座并峙的艺术高峰——齐白石和黄宾虹。1947年春，经徐悲鸿引荐，李可染拜齐白石为师。齐白石为其作《五蟹图》并题："昔司马相如文章横行天下，今可染弟之书画可以横行矣。"之后，李可染又师事黄宾虹。在齐、黄二师的指点下，李可染深入中国书画艺术之堂奥。

我看李可染的绘画，特别喜欢他三类题材的作品。一类是山水画，一类是人物画，还有一类是各种各样的牛。

在中国画领域，李可染被公认为承前启后的现代山水画大师。他以"为祖国山河立传"的雄心壮志创造了被人们称为"李家山水"的现代山水画。其最大特点是密、实，构图饱满、紧凑，无论画的中心还是边际，往往满纸皆墨，极少空白。用墨尤其长于积墨，"浑化如铸"，达到了以墨胜色、以墨胜彩的境界。张仃认为，李可染用重墨、浓墨层层积累的"黑山水"是一种独创。可笑的是，在"文革"中，李可染的这种艺术独创却被诬陷为"黑画"。

早在抗战时期，李可染就投身抗日洪流，创作出《是谁破坏了你的快乐的家园？》《是谁杀了你的孩子？》等宣传画，展现出对人物画的独特表现力。李可染最初在画坛显露头角，是1937年参加第二届全国美展的《钟馗》，这就是一幅大写意人物画。虽然究李可染一生，人物画成就被山水画成就所遮掩，但人物画始终是他笔下的重要题材。理论家陈履生说："李可染以不表现时代、而以抒写胸中逸气的古代题材的人物画，成为山水之余的劳累后的放松，成为潜藏在李可染心中的文人逸兴在谨严的创作之外的释放。"这种观点是很有见地的。

而有关牛的绘画作品，在李可染的艺术生命中延续了40余年。李可染最初观察和了解牛的习性，是1941年与傅抱石等人居住于重庆金刚坡下时。从1942年开始，李可染以水墨画牛，从此，牛成了李可染非常喜爱的绘画题材，牧牛、牵牛、浴牛等内容不断。牛的精神也成了李可染勤奋扎实艺术精神的寄托。他

熊光楷将军留念

墨无圆女士之邹佩珠手师牛堂特年九十

二〇一一年农历七月七日

《艺缘：邹佩珠的创作和社会活动展》及其签名盖章。签名盖章的日子恰好是邹佩珠 90 寿诞。

为自己的画室起名"师牛堂"，就是要以牛为师，俯首甘为孺子牛。后来，邹佩珠曾说："我没有找到放牛娃，但我却嫁给了画牛郎。"

邹佩珠与李可染的缘分就始于他们居住在重庆期间。当时，邹佩珠在国立艺专雕塑系学习，与在西画系学习的李可染妹妹李畹是上下铺的室友。有一天，李可染到艺专找妹妹，恰巧碰到邹佩珠在画画。李可染向邹佩珠问路，邹佩珠直接把李可染带到了宿舍。这是李可染与邹佩珠的第一次见面。后来，他们就成了携手终身的伴侣。

邹佩珠本人也是一位成就卓越的艺术家。她参与创建中央美术学院雕塑工作室，是新中国第一代女雕塑家们的老师；参与人民英雄纪念碑《辛亥革命·武昌起义》的起草与定稿工作。2010 年 9 月 27 日，李可染艺术基金会美术馆在北京朝阳区落成开馆，同时举办了《艺缘：邹佩珠的创作和社会活动展》。展览展出了邹佩珠的雕塑、绘画、书法作品，以及少年时代、求学时代及各个历史时期与李可染工作、生活的照片等。2011年元月5日，张忠义看望我，带来了邹佩珠签名盖章的《艺缘》画册。邹佩珠出生于1920年农历七月初七，她在《艺缘》画册上的签名落款时间是2010年农历七月初七。这一天，恰好是老人90寿辰。

傅抱石：笔下江山　如此娇美

《傅抱石全集》
广西美术出版社
2008 年 3 月第一版

　　凡是到过人民大会堂大宴会厅的人，无不对那幅高 5 米半、宽 9 米的巨幅国画《江山如此多娇》印象深刻。这幅画作于 1959 年。当时为了庆祝新中国成立十周年，北京兴建了一批标志性建筑，人民大会堂就是其中之一。受到周恩来总理的点将，来自中国南方的傅抱石与关山月受命绘制这幅巨画。

　　《江山如此多娇》取意于毛泽东诗词《沁园春·雪》。傅抱石后来在《北京作画记》中追述说："我们力求在画面上，把关山月的细致柔和的岭南风格，和我的奔放、深厚融为一体，而又

盖在《傅抱石全集》和《傅抱石画选》上的"傅抱石"印，白文，尺寸：2.1cm×2.1cm。

熊光楷上将留念

傅二石

二〇一〇年X月于南京

傅二石在《傅抱石全集》上的题签。

日文版《傅抱石画选》
南京博物院、
朝华出版社共同编辑
朝华出版社 1988 年初版

2010 年 5 月 27 日，作者参观南京傅抱石纪念馆，与傅二石在傅抱石雕像前合影。

　　位于南京汉口西路 132 号的傅抱石纪念馆是一幢依山而建的西式别墅。1963 年傅抱石移居于此，直到 1965 年去世。1987 年傅抱石纪念馆建成开放。

各具特色，必须画得笔墨淋漓，气势磅礴，绝不能有一点纤弱无力的表现。"整个画面，近景的高山苍松采用青绿山水重彩画法，而长城大河与平原采用淡绿。远处雪山蜿蜒，云海茫茫。右上角的太阳，红霞耀目，光辉一片，好像要冲破灰暗天空，给人以"红装素裹，分外妖娆"的壮美观感。

画成之后，1959 年 9 月 27 日，从外地回京的毛主席题写了"江山如此多娇"六个字。据说，这是毛泽东唯一一次为绘画作品题字。题字放大后，由专业人员描到画面上，仅一个"娇"字就将近一米。

当年 10 月 1 日，隆重的国庆典礼在人民大会堂举行，《江山如此多娇》轰动全国。幸运的是，那一年，初次参加工作的我也由于陪同外宾，出席了 5000 人的国庆盛宴。至今我还对初次见到这幅巨作时的视觉冲击感以及由此激发的自豪心情有所记忆。后来，有一段时间，《江山如此多娇》常常被国家领导人选为会见重要外宾时合影的背景，此图也因此成为民族精神的象征而家喻户晓。

《江山如此多娇》使当时美术界格外推崇的著名画家傅抱石，受到了更多人民群众的称赞与喜爱。

2010 年 5 月 27 日，我从北京乘火车抵达南京，计划出席当天下午的第二届"黄埔情·中评杯"海峡两岸退役将军高尔夫球邀请赛闭幕式颁奖典礼。利用上午的时间，我在南京一些朋友的陪同下，来到位于南京汉口西路 132 号的傅抱石纪念馆参观。令我高兴的是，傅抱石之子、纪念馆名誉馆长傅二石专门赶来陪同。

傅抱石纪念馆是一座依山而建的西式别墅。1963 年傅抱石移居于此，直到 1965 年去世。"文革"期间，傅家子女被赶出旧居。直到 1985 年，为纪念傅抱石逝世 20 周年，政府拨款维修旧居，1987 年傅抱石纪念馆建成开放。整个纪念馆分为两个部分：傅抱

第一部分 中国绘画

　　傅抱石《竹林七贤图》（1942）。傅抱石笔下的人物往往态度矜持，表情冷峻，在画中有诗的意境中反映出诗中有画的趣味。

石故居和傅抱石生平展。庭院中还有一尊傅抱石的汉白玉半身雕像。一株 90 多年树龄的老树绿叶掩映，增添了纪念馆的幽静气息。

傅抱石的生平与作品均引人入胜。通过参观我才知道，原来傅抱石最初的专业方向并不是绘画，而是绘画理论。早在 22 岁的时候，尚在师范学习的傅抱石就写出了第一部著作《国画源流述概》。终其一生，傅抱石始终是一位著述丰硕的美术理论专家，在中国绘画史研究、篆刻学、中国绘画理论等诸多领域具有开创性。他 30 岁赴日留学，也是以考察和改良景德镇瓷器的名义被公派出国，而实际攻读的是东方美术史并兼习工艺、雕刻，并不是从事绘画。

但傅抱石就是在这样行走于绘画边缘的过程中，逐渐显露美术天分。1935 年 5 月 10 日，"傅抱石书画篆刻个展"在日本东京成功举行，对傅抱石之后的艺术道路产生了至关重要的影响。不久，傅抱石又以篆刻《离骚》获得全日本篆刻大赛冠军。他在一块高仅 4 厘米，长宽不超过 3 厘米 ×4 厘米的印石上刻下 2000多字的《离骚》，参观者必须通过放大镜才能欣赏。

虽然傅抱石的才能体现在诸多领域中，但最为光彩照人的还是他沟通古今、酣畅淋漓、豪迈秀逸的绘画。

随着傅二石的介绍，我对傅抱石的艺术认识逐渐加深。同时，我发现乐观开朗的傅二石与我竟有不少相似之处。首先，我们都是祖籍江西。其次，抗战期间，我们都生活在重庆，并且我们还能用重庆方言对话。最后，当我们参观傅抱石故居时，看到傅抱石直到临终都没有完成的长江三峡图，傅二石说，抗战胜利后，我们一家就是乘船从长江三峡出川的。我很高兴地说："那么，我们的相识真是三生有幸啊，我们当时离开重庆，也是通过三峡，也是乘船。"

临别的时候，我将《傅抱石全集》(第一卷)(广西美术出版社，2008 年 3 月第一版) 留给傅二石，请他加盖傅抱石的印章。

　　傅抱石《龙蟠虎踞今胜昔》(1960)。傅抱石是新中国成立后较
早地以毛泽东诗意入画的画家，他把自己的艺术风格与毛泽东诗意
完美结合起来，体现出现实与浪漫融会的特点。傅抱石还打破传统
山水皴法的束缚，以技法上的独特创造丰富了中国画笔墨的内涵，
被世人称为"抱石皴"。

　　《傅抱石全集》共分 5 卷，收集了分布在世界各地的傅抱石画作
986 幅、速写 330 件。全集第一卷有对傅抱石生平及艺术的总论，
之后各卷都有分论，一些绘画作品还配有傅二石等专家写的鉴赏
文章，编者还将傅抱石的美术理论著述穿插在画作之中。整部全
集既好看，又耐读，知识性与观赏性并重。

其中，中国美术馆研究员陈履生为全集撰写的总序中，将傅抱石的美术成就归纳为四个方面，很有参考价值。

一、人物故实与唐人诗意。人物故实表现出矜持的态度和冷峻的表情。唐人诗意注意在画中有诗的意境中反映出诗中有画的趣味。

二、毛泽东诗意。比较完美地将自己的艺术风格结合到对毛泽东诗意的表现中，在现实与浪漫的融会中显示他艺术气质中的潇洒。

三、写生。以写生为基础，启发一种时代的新的笔墨观，用中国画特色展现"山河新貌"。

四、傅家山水与"抱石皴"。傅家山水从为古人配景到古人为山水点缀，同时打破传统山水皴法的束缚，以自己在技法上的独特创造丰富中国画笔墨的内涵，从而被世人称为"抱石皴"。

我认为，这四个方面，既概括了傅抱石的主要美术成就，也反映了傅抱石的主要艺术特点。

出乎我的预料，请傅二石盖章的事进展并不顺利。原来，傅抱石去世后，包括印章在内的遗物大都由南京博物院保管。不巧的是，包括这批遗物在内的一些文物已经封箱保管，收入仓库，既不便查找，更需要有关部门批准。直到 2010 年 8 月 28 日，我在南京收藏界的朋友来京，才带来盖章的《傅抱石全集》，上面不但有傅二石的签名盖章，还加盖了一方傅抱石的印章。据说，这方印章是傅家后人手中仅存的一方印章，由傅二石与傅抱石原来的秘书共同保管使用，加盖不易。同时带给我的，还有一本日文版《傅抱石画选》（南京博物院和朝华出版社共同编辑，朝华出版社 1988 年初版）。这是我在南京的朋友的私人藏书，也请傅二石签名盖章后赠送给了我。

黄胄：拥抱生活　必攻不守

《庆祝中华人民共和国成立
60 周年·黄胄绘画大展》
炎黄艺术馆

　　2009 年秋，在新中国 60 华诞之际，我与袁熙坤、张忠义联合举办"凝聚的历史瞬间"收藏汇报展，其中一件展品引出了一段贾春旺与黄胄的故事。

　　张忠义是中国收藏家协会书画收藏委员会常务主任，他的收藏以近现代名人信札手稿最富特色。此次展览展出的就是他收藏的名人信札手稿精品。其中一件展品是黄胄写给时任安全部部长贾春旺的信函。信中，黄胄写道："炎黄艺术馆建成三年，是改革开放后第一间大型民办艺术馆。今年 9 月 28 日是三周年纪念日，

盖在黄胄画册上的"黄胄之印"，白文，尺寸：1.9cm×1.9cm。

黄胄夫人郑闻慧在黄胄画册上的签名盖章。

准备展出我捐赠文物和绘画作品以及国内外名家捐赠的艺术品"，黄胄希望邀请贾春旺参观指导。

难得的是，这封信除了信函完好外，连信封都保存完整。张忠义曾经戏言，一封名人信札，如果收信人也是名人，就是"二龙戏珠"；如果还完整保留着信封，就是"金缕玉衣"。无论"二龙戏珠"还是"金缕玉衣"，都可使收藏价值倍增。这封黄胄致贾春旺信函就既是"二龙戏珠"，又是"金缕玉衣"，唯一遗憾的是，信封上没有实际寄出的邮票邮戳，否则就更珍贵了。

第一部分 中国绘画

"凝聚的历史瞬间"收藏汇报展上展出的黄胄致贾春旺信，显示出黄胄除了艺术家之外的另外一个重要身份：艺术活动家。黄胄在信中邀请贾春旺参观炎黄艺术馆成立三周年纪念展览。

恰好，我与贾春旺同志比较熟悉，于是就对贾春旺说了这件展品的情况，引起他的兴趣。2010 年 9 月 27 日，贾春旺专程赶来参观展览，并仔细看了黄胄的这封信。"我怎么不知道有这封信？"贾春旺好奇地问。一起陪同参观的张忠义说："这是我从拍卖会上买到的，至于怎么流传出来，怎么流传到拍卖公司，就无从查证了。"对此，贾春旺只好一笑了之。

这封信显示出黄胄除了艺术家之外的另外一个重要身份：艺术活动家。

黄胄的艺术起源于西北，也发扬光大于西北。2010 年春，我

　　黄胄《维族舞》（1983）。黄胄开拓出新中国"边疆"题材美术创作，并独创性地把速写的观察和表现手法引入中国画的创作之中，创作出了崭新的笔墨手法和作品意境，具有极强的感召力，在艺术上独树一帜。

去西安探访长安画派，准备拜访长安画派重要创始人赵望云的后人，就托张忠义找到黄胄夫人郑闻慧，从她那里得到了赵望云之子赵振川的电话号码。黄胄就是赵望云的徒弟，早年曾长期住在赵望云家里，与赵振川等兄弟相称。1946 年，年仅 21 岁的黄胄徒步在黄泛区写生，创作了《遍地汹汹黄水》《就这样活下去》《孩子快死了》等几百幅作品，用画笔画出了黄泛区人民的悲惨以及反动当局的腐化堕落，产生强烈社会反响，也使黄胄声名鹊起。黄胄从此确定了拥抱生活、为人生而艺术的理想追求。

1949 年新中国成立前夕，带着对新社会的强烈热爱与向往，黄胄加入中国人民解放军，从事专业美术创作工作。这一时期，黄胄创作出《爹去打老蒋》《洪荒风雪》等歌颂新时代的作品，成为新中国美术的经典，同时，他致力于新疆地区各民族生活与风俗的题材创作，内容新鲜活泼，画笔浪漫奔放，从此他把艺术事业与边疆少数民族题材紧密联系起来，开拓出一片广阔的艺术新天地。

黄胄的边疆题材绘画，尤其是新疆民族题材绘画始自上世纪40 年代末，一直延续到黄胄的整个一生。对于边疆题材的绘画，黄胄一向"必攻不守"，勇于创新。他创作的《叼羊图》《欢腾的草原》《草原八月》《姑娘追》等作品在中南海、人民大会堂、钓鱼台国宾馆等重要国务活动场所陈列，还成为国家领导人赠送外宾的国礼。他还曾受邀到福建、海南、云南等少数民族地区写生创作，同样取得成功，收获了一批激动人心的艺术成果。

除了民族风情绘画和人物绘画外，在中国美术界，黄胄还以善于画驴著称。"文革"期间，黄胄被打倒，身心遭到摧残，他就被丑化为"驴贩子"。1978 年，邓小平访问日本，赠送给裕仁天皇的国礼，是黄胄创作的《百驴图》。黄胄画的驴，往往只用水墨，不加色彩，寥寥数笔，就画出这种中国最常见的畜力平凡朴素、吃苦耐劳的特性，百驴百态，绝无重复。

　　黄胄《毛驴》(1990)。在中国美术界，黄胄以善于画驴著称，他画的驴，往往只用水墨，不加色彩，寥寥数笔，就画出这种中国最常见的畜力平凡朴素、吃苦耐劳的特性，百驴百态，绝无重复。

　　黄胄骑着驴奔走在写生途中。长期的野外写生和对生活的热爱，培养了黄胄对驴的特殊情感。

作为艺术活动家的黄胄，同样成就斐然。早在上世纪80年代初，他就与著名画家李可染、蔡若虹、华君武等共同创建了中国画研究院。他还一直憧憬创办一所自己管理，把自己的收藏和作品放进去，供人们欣赏和研究的博物馆。1986年，黄胄的个人画展在新加坡成功举行，华人华侨提出为黄胄在北京建设个人艺术陈列馆，得到当时正在新加坡进行考察的北京市有关负责人同意。但黄胄认为，他个人不足以建馆，要建就要建属于炎黄子孙乃至人类的炎黄艺术馆。经过多方筹措兴建，终于在1991年9月28日，我国第一座大型民办公助的现代化艺术馆——炎黄艺术馆建成并举行开馆典礼。

我收藏的黄胄盖章书也是由张忠义帮忙，上有黄胄夫人郑闻慧签名盖章并加盖黄胄印章。这是为庆祝新中国成立60周年举办的《新中国美术开拓者系列·黄胄绘画大展》图册，里面收录了黄胄美术基金会和炎黄艺术馆收藏的主题画、速写、水墨小品共80幅。

这本画册前面有一篇题为《拥抱生活、熔铸古今》的序言，其中有一段对黄胄艺术的概括，我认为比较客观而全面：

他的艺术题材，扎根于新时代的精神与生活，并在前无古人的"边疆"题材的创作领域中致力拓展而戛戛独造；他的主题性创作，打破了中国画的旧有陈规和固有羁绊，将中国画的传统进一步革新为深入生活、贴近生活、紧扣时代脉搏的主旋和唱，其持续性的影响至今不绝如缕；他的艺术评议，以自立我法为旨要，又不拘一格地熔铸古今、融合中外，其中尤以独创性地把速写的观察和表现手法引入中国画的创作之中，既创作出了崭新的笔墨手法和作品意境，具有极强的现实感召力，又在艺术观念上独树一帜，对于中国画的发展起到了明确的推动作用。

熊光楷将军
您给人类精神
财富增加了光
彩，闻慧表示
感谢！
郑闻慧

郑闻慧赠送给作者的英文书《黄胄：中国画大师》（美国 GVC 出版社，2009 年），及其签名盖章。

郑闻慧同时还赠送给我一本英文书《黄胄：中国画大师》（美国 GVC 出版社，2009 年）。书中，郑闻慧全面介绍了黄胄的生平及艺术成就。《今日美国》在推荐语中说："谁要试图理解现代中国艺术必须阅读此书。"

李苦禅：充满传奇的写意花鸟大师

《李苦禅纪念馆藏品精选》
人民美术出版社
2009 年 4 月第一版

　　有一位画家，齐白石一生中曾对他多次推崇，评价极高。在
1928 年，齐白石就预言这位画家"画笔及思想将起余辈，尚不倒
戈，其人品之高即可知矣"；在 1950 年，齐白石称赞这位画家
"雪个先生无此超纵，白石老人无此肝胆"，认为这位画家已有超
越八大山人（即雪个先生）和白石老人之处；在 1951 年，齐白
石更直接在这位画家的画上题词："傍观叫好者就是白石老人。"

盖在《李苦禅纪念馆藏品精选》上的"欣逢盛时"和"苦禅"印章。其中"欣逢盛时",白文,尺寸:1.7cm×3.6cm;"苦禅",白文,尺寸:2.4cm×2.4cm。

熊光楷将军雅赏

补钤先翁印章
李燕题赠
己丑年冬月

这位画家就是我国著名写意花鸟画大师、美术教育家李苦禅。

李苦禅生于1899年,卒于1983年,常常被认为是我国写意花鸟画史上继宋代法常、明代徐文长、清代八大山人、吴昌硕与近代齐白石之后又一位统领时代风范的大师。他的画,正如徐悲鸿评价所说,"天趣洋溢""活色生香",充满生活情趣和乐观精神。我的朋友侯一民曾经与李苦禅有过很多接触。他说李苦禅的画里"充满一种正气，一种雄强之气，一种浩然之气"，"他的作品的确纯粹是中国的，是中国人的气质，是中国人的精神。特别是中国知识分子追求的那种崇高的人品观念，洒洒脱脱不露斧凿痕迹"。

除了绘画艺术引领风范外，李苦禅的人生经历也充满传奇色彩，像一部高潮迭起、引人入胜的电视连续剧。

在画家中，很少有参加过五四运动的，但李苦禅是其中之一。1919年，李苦禅以山东聊城二中代表的身份赴京，参加了五四运动。之后就留在北京，在北京大学附设的"留法勤工俭学会"半工半读。在此过程中，他还与毛泽东有过数月同窗之谊。到了1950年，由于受到不公正待遇，李苦禅被剥夺讲课的权利，他于是上书毛泽东。后来毛泽东亲自致信徐悲鸿，嘱咐设法解决此事，并派秘书田家英登门看望，一时传为美谈。

1922年，李苦禅考入国立北京美术学校西画系。为了维持学业和生计，李苦禅白天学习，晚上就像骆驼祥子那样外出拉人力车，同学因此赠他艺名"苦禅"，从此他就以此闻名于世。画家成名前从事过其他职业的很多，但拉过人力车的恐怕就只有李苦禅了。

而且，受到山东家乡社会风气的影响，李苦禅自幼习练武艺。至今李苦禅纪念馆还保留着李苦禅练武功用的钢制七节鞭。李苦禅曾说，这条七节鞭是他家乡山东的铁匠打造，曾经被义和团战士使用。早年的时候，因为是乱世，为了防身，他在外出时常常把这条七节鞭缠在腰间。

1930年，李苦禅应林风眠之邀到杭州担任艺术专科学校国画教授。他响应蔡元培有关以戏曲加强美育的号召，在全国美术高等院校中，率先将京剧艺术引进中国画的教学之中，与学生一道"面敷粉墨，躬亲排场"，体验"写意的戏"与"写意的画"的美学奥妙。事实上，李苦禅本人也是一位资深的戏曲票友，至今仍

李苦禅是齐白石第一位入室弟子。1928年，第一册《齐白石画集》出版，齐白石赠予李苦禅一册，并在封面题字：苦禅仁弟画笔及思想将起余辈，尚不倒戈，其人品之高即可知矣！齐白石生前多次高度评价李苦禅。他被认为是继白石之后又一位统领时代风范的写意花鸟大师。

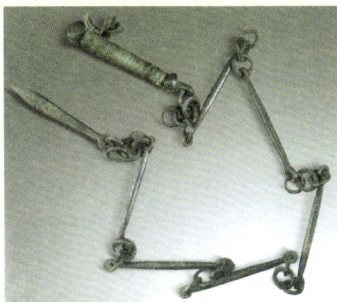

李苦禅纪念馆收藏的七节鞭。据李苦禅讲，此物曾为义和团所用，早年乱世间，他外出时常将此鞭缠于腰间，以备防身。

有他身穿全套戏服上台表演的照片流传。

日军侵占北平后，他表现出令人钦佩的民族气节，辞去日伪"公立"学校教职，主要以卖画为生，同时积极参与中共领导的地下抗战活动。1939年，日伪政权以"勾结八路军"的罪名将他逮捕入狱，他在酷刑之下，坚贞不屈，高诵文天祥《正气歌》。

李苦禅《劲节图》（上图），此图尺寸283cm×429cm，被认为是自唐朝有竹画以来最大画幅的墨竹绘画。83岁的李苦禅用自己设计的长杆大笔（右下图）双手持握，饱蘸浓墨，挥写而成（左下图）。此画共有两幅，一幅藏于人民大会堂，一幅藏于李苦禅纪念馆。创作全程拍摄保留于影片《苦禅写意》。

《中国当代名家画集·李燕》
黑龙江美术出版社
2009 年 9 月

熊光楷将军雅正
李燕题赠
己丑年冬月

　　"文革"期间，李苦禅遭到残酷批斗，被关入牛棚。后被下
放到干校劳动改造。1971 年他因病回京，被指令在中央美院传达
室看门。直到 1972 年，周恩来为保护著名画家，指示抽调一批
画家为宾馆和驻外使馆创作陈列画，李苦禅的处境才有所好转。
3 年时间里，他为国家义务作画 300 余件。

　　花鸟画一般尺幅较小，但李苦禅以博大胸襟，性喜大画，尺
幅越大，发挥越佳，绘画作品越显精神。83 岁高龄时，他为人民
大会堂作巨幅《墨竹图》，被认为是自我国唐代有竹画以来最大
尺幅的画竹图。84 岁高龄时，他用四张"丈二匹"宣纸联结而成，
完成巨幅国画《盛夏图》，总面积约 21 平方米，堪称中国大写意
花鸟画史上的奇迹。

　　2009 年秋，我托中国收藏家协会书画收藏委员会常务主任

张忠义帮忙收藏李苦禅盖章书。后来，张忠义告诉我，李苦禅的夫人李慧文不幸病重，此事只能缓办。2010 年 2 月 1 日，张忠义到我住处喝茶，带来了李苦禅之子、全国政协委员李燕签名盖章的《李苦禅纪念馆藏品精选》（人民美术出版社，2009 年 4 月第一版）。上面钤盖了两方李苦禅曾用印，一方是"欣逢盛时"，一方是"苦禅"。据张忠义转述，这两方印由著名篆刻家熊伯齐刻，为李苦禅生前常用。

李苦禅于 1983 年 6 月 11 日去世后，其夫人李慧文偕子女于 1986 年 6 月向山东济南市政府捐赠李苦禅作品及手稿共 403 件、古代文物数十件。济南市政府为此在趵突泉公园内专门开设李苦禅纪念馆陈列展览。《李苦禅纪念馆藏品精选》就收录了这批捐赠品。书中既有李苦禅的画作，又有相关的生平与评价，是一部能够帮助我们走近李苦禅、学习李苦禅的好书。

李燕也是一位卓有成就的艺术家。李苦禅晚年的许多巨幅图画，都由李燕协助完成。他的绘画题材广泛，而尤以画猴闻名。同时，他还是一位很有口才的演讲家，常常受邀讲演中国传统文化并作为嘉宾上电视，拥有较高知名度。

关山月：法变随时变　江山教我图

《关山月》
人民美术出版社
1996 年 6 月第一版
2001 年 2 月第二次印刷

　　2010 年 2 月 17 日，我和夫人寿瑞莉在广州参观了广州艺术博物院。广州艺术博物院，位于白云山南麓的麓湖之畔，2000 年 9 月 23 日建成开放，主要收藏中国历代书画作品特别是以岭南地区的书画作品为重点。馆内设有岭南画派创始人高剑父、陈树人，第二代代表人物赵少昂、黎雄才、关山月、杨善深等艺术大师名字命名的名人馆。我此行的目的就是了解一下岭南画派的艺术特点，并参观关山月艺术馆。

　　岭南画派产生于 20 世纪初期，是在当时政治革命气氛浓烈

盖在《关山月》画册上的"关山月"
"岭南人""漠阳"印章。其中"关山月",
朱文,尺寸：1.6cm×1.6cm；"岭南人",
白文,尺寸：1.8cm×3cm；"漠阳",白文,
尺寸：1.6cm×1.2cm。

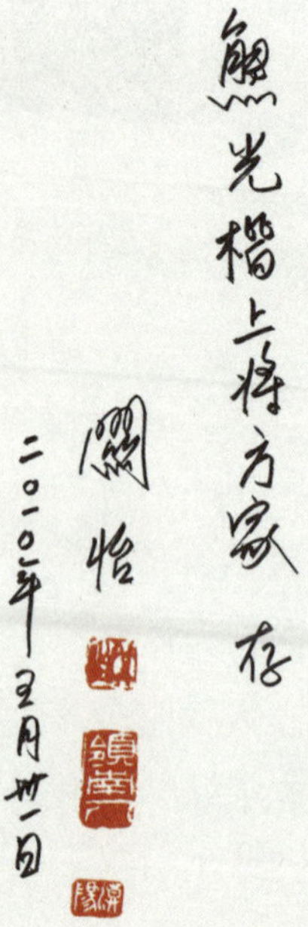

熊光楷上将方家 存

关怡

二〇一〇年三月廿一日

关山月之女关怡在《关山月》
画册上的签名盖章。

的广东产生的一种高扬"艺术革命"旗帜的绘画流派。岭南画派的创始人高剑父、陈树人和高奇峰（合称"二高一陈"）都是同盟会的会员，曾经追随孙中山参加早期的国民革命。因为对当时画坛因袭守旧的风气不满，于是倡导"艺术革命"，借鉴日本绘画"维新"的经验，主张中国画应该"折中中外，融汇古今"。关山月就是第二代岭南派画家中最为重要的代表人物之一。

1998年，关山月将他的一批作品捐赠广州艺术博物院。广州艺术博物院因此特设"关山月艺术馆"。我在这里，既看到了岭南特色的古榕红棉，也看到了典型的关山月的梅花图，还看到了壮美而秀丽的南国山川。关山月的笔墨雄健，色彩浓烈，作品中透露出一种波澜壮阔、气势磅礴、昂扬向上的精神风貌。

离开广州前，我托广州的朋友帮忙搜集关山月的签名盖章画册。很快，通过广东画院党委书记、副院长、画家洪楚平联系到关山月之女关怡。2010年5月31日，关怡将画册《关山月》（人民美术出版社，1996年6月第一版，2001年2月第二次印刷）签名赠送给我。关怡同时遗憾地告知，关山月于2000年去世后，印章被封存，一直没有启用，但关怡当时表示，7月份广东画院将举办纪念关山月逝世十周年的展览，届时将可以启用印章。

2010年7月3日，"生生不息——关山月写生作品展"在广东画院隆重开幕。关怡取出三方关山月的印章，郑重盖在画册上。三方印章分别是"关山月""岭南人""漠阳"。据关怡说，这三方印章均为大师生前所爱。很快，我得到了这本珍贵的签名盖章书。同时得到的还有《生生不息——关山月写生作品展》画册。由于洪楚平是这本画册的主编，所以也请他签名盖章。

《关山月》画册第一版印行于1996年。关怡签名盖章的第二版印行于2001年2月。与第一版相比，书中的年谱一直延续至关山月2000年7月3日去世。翻看这本画册中的关山月代表作，我的突出印象是关山月的开阔胸襟，以及超乎常人的气魄与毅力。

1941年创作的《漓江百里图》（上图）和1991年创作的《漓江百里春》（下图），一个长29米，一个长20.9米，二者创作年代相差半个世纪，画中体现出来的社会与心理状态也有很大差别。创作第一幅漓江图时，关山月因躲避战乱，妻子下落不明，因此画中的

《漓江百里图》《江峡图卷》《天香赞》《巨榕红棉赞》《漓江百里春》等都是常人难以完成的长卷巨作。尤其是1941年创作的《漓江百里图》和1991年创作的《漓江百里春》，一个长29米，一个长20.9米，二者创作年代相差半个世纪，画中体现出来的社会与心理状态也有很大差别。创作第一幅漓江图时，关山月因躲避战乱，妻子下落不明，因此画中的漓江虽美，却山岩裸露，草木萧瑟。创作第二幅漓江图时，正值关山月80寿诞，国家兴旺，生活幸福，艺术上进入随心所欲的最高境界，因此画中的桂林山

漓江虽美，却山岩裸露，草木萧瑟。创作第二幅漓江图时，正值关山月80寿诞，国家兴旺，生活幸福，艺术上进入随心所欲的最高境界，因此画中的桂林山水更加润湿，生机盎然。

水更加润湿，生机盎然。

　　作为岭南画派的代表人物，关山月与新金陵画派和长安画派都有不少交往。早在1941年关山月就与赵望云结识，之后他们曾一同沿河西走廊写生，一同举办"西北写生画展"。长安画派认为，关山月对长安画派的酝酿与形成也有重要贡献。而1959年关山月与新金陵画派的代表人物傅抱石共同为人民大会堂创作《江山如此多娇》，反映出二人绘画风格的融会契合，成为当年著名的文化盛事。此后，他还与傅抱石一同赴东北写生，出版《傅

  关山月1942年的速写画（上图）以及据此画出的《江边一景》（下图）。"生生不息——关山月写生作品展"的组织者别出心裁地将关山月的速写、写生作品与最后完成的画稿放在一起展览，使人在对比欣赏中更加深切地体会到一幅画从现实变成艺术的提炼、改造、渲染、升华过程。

《生生不息——关山月写生作品展》
公元出版有限公司
2010 年 7 月第一版

抱石关山月东北写生选》等。这些合作与交往，既反映出这些老
一辈艺术家发展改造国画、向社会要艺术的共同追求，也体现了
不同绘画风格相互借鉴、相互促进的包容精神。

　　收集在《生生不息——关山月写生作品展》中的作品同样耐
人寻味。编者别出心裁地将关山月的速写、写生作品与最后完成
的画稿放在一起展览，收在同一本画册中，让人在对比欣赏中更
加深切地体会到一幅画如何从现实变成艺术，怎样提炼、改造、
渲染、升华。在后记中，关怡写到了关山月关于艺术与生活、艺
术与时代的观点。关山月曾说："不动我便没有画。不受大地的
刺激我便没有画。"因此，关山月的优秀作品，都是坚持深入生
活，坚持师法造化的结果，这也反映出岭南画派"师法自然，重
视写生"的特点。

　　关山月最喜爱的诗句有"法变随时变，江山教我图"；"自然
中有成法，手肘下无定型"；"得意云山行处有，称心烟雨写时
来"；"不随时好后，莫跪古人前"；"能回造化笔，独用天地心"；
"心放出天地，兴罢得乾坤"等，都反映出关山月向自然要艺术、
不拘泥于陈法的艺术追求。

第一部分　中国绘画

赵望云：长安画派奠基人

《赵望云》
人民美术出版社
2006 年 8 月第一版

　　2010 年 5 月 13 日，我来到古都西安。此行的一个主要目的，是北赴延安，参观刚刚修复的安塞县碟子沟中央军委二局旧址。军委二局是革命战争年代我党我军重要的技术侦察情报部门，由毛泽东、朱德等老一辈革命家在江西苏区亲手创建，1938 年 11 月 19 日迁至安塞碟子沟，在陕北战斗了长达 12 年之久，为夺取抗日战争和解放战争的胜利作出了巨大贡献。军委二局安塞旧址修复工程于 2008 年 7 月启动，我去的时候刚刚修复完成。

　　在前往延安之前，我还有一个计划，就是实地了解一下美术

盖在《赵望云》画册
上的"赵望云印",朱文,
尺寸:2.7cm×2.7cm。

赵望云之子赵振川在
《赵望云》画册上的签名
盖章。

界里的"长安画派"。此前,我和夫人寿瑞莉在广州参观广州艺术博物院,在关山月的原作前感受了"岭南画派"的魅力。同时,我已计划到南京参观傅抱石纪念馆,因为那里是"新金陵画派"的大本营。那么,同样是开宗立派,代表新中国西北艺术风格特点的"长安画派"究竟有何独特之处?对此,我渴欲一知。

行前,我打听到,著名画家黄胄是"长安画派"创始人赵望云的弟子。于是,通过黄胄的夫人郑闻慧,我要到了赵望云之子、陕西美协名誉主席赵振川的电话号码。可是,直到我抵达西安的

赵望云《幽静的山村》（1933）。赵望云曾受《大公报》派遣，在中国北方农村广泛写生，描绘底层民众的生活，引起很多关注。冯玉祥还专门为他的画配上白话诗发表，产生深广的社会影响。

前一天，还无法打通赵振川的电话。情急之下，我的秘书张钊找到了长安画派网的执行主席张剑波。张剑波曾经是一位军旅画家，转业后留在西安，潜心研习长安画派的绘画技法，并积极组织策划长安画派的艺术实践活动。由于找不到赵振川，我决定通过张剑波了解长安画派的情况。

巧合的是，找到张剑波之后，我才知道，原来张剑波不但与赵振川非常熟悉，近年来还主要跟随赵振川学习绘画，算是赵振川的弟子。更巧的是，赵振川恰好在我抵达西安的前一天从外地返回。真是山不转水转，有缘总能相见。

2010 年 5 月 13 日，在张剑波的陪同下，我先到长安画派网参观，随后来到于右任故居纪念馆。于右任故居纪念馆位于西安市中心的书院门，是经过现代化改造的老房子，非常舒适惬意。在这里，我在于右任后人的陪同下，既欣赏了于右任的草书艺术，又欣赏了西北风格的老宅子的建筑特色。纪念馆有一位工作人员从日本来，边工作，边进行研究学习，可见于右任在日本影响很大。这一点，留给我的印象很深。

当日下午，我来到西安市一处居民区里的赵振川家，受到热情接待。赵振川专门拿出陕西名茶"午子仙毫"招待我。我听到了赵望云的故事以及"长安画派"的有关情况。

赵望云并非西安人，而是河北束鹿人。他自幼喜画，父母去世后，他来到北京，专心追求艺术。受到五四大潮的洗礼，赵望云习画之初就产生"从事国画改造的志愿"，并且将目光集中于乡村人物。从 1927 年开始，他常以北京西山碧云寺附近的乡村人物为绘画对象，并很快形成个人风格。他说："我是乡间人，画自己身历其境的景物，在我感到是一种生活上的责任，此后我要以这种神圣的责任，作为终生生命之寄托。"为了让自己的画笔更加贴近生活，他走遍中国北方，刻苦写生。有学者统计，他72 岁的人生，除去前 20 年和"文革"中的 10 年，其余 42 年差不多都是"人在旅途"。他对底层民众的写生作品在当时的《大公报》上连载，引起很多关注。冯玉祥还专门连续 4 年为他的画配上白话诗发表，产生深广的社会影响。

1941 年，赵望云在成都结识张大千。受张大千影响，开始系统研究中国画技法。次年迁居长安。在随后的河西走廊、祁连山的写生中，他的笔墨不再只是聚焦于人物，而是将大西北雄浑壮丽的山川与人物相结合，创造出山水画的许多新章法、新笔墨。评论家王鲁湘说，赵望云这种"用笔苍老、用墨蓊郁的技法，达到了极高的美学境界，也突破了前人技法的成就，至今为止，还

第一部分 中国绘画

　　赵望云《渭北梯田》（1963）。1961 年 10 月 1 日，赵望云、石鲁等西安画家在北京中国美术馆举办"西安美协国画习作展"，"长安画派"一举成名，革新的笔墨以及浓郁的西北地方风情是长安画派的突出特点。

作者为陕西长安画派艺术研究院题写"长治久安,国艺辉煌"。

2010年5月,作者在西安拜访赵望云之子、陕西美协名誉主席赵振川。

很少有人企及"。

新中国成立后，赵望云担任陕西省美协首任主席。1961年10月1日，赵望云、石鲁等西安画家在北京中国美术馆举办"西安美协国画习作展"。画展以常有的地域特色和新颖的时代气息引起轰动。"长安画派"一举成名。

"那么，长安画派与岭南画派、金陵画派的区别究竟在哪里？"我问。对此，赵振川没有正面回答，他说："长安画派无论是情感，还是技法，都经过了现代化的改造，长安画派画黄土，画人民，与延安文艺座谈会开辟的与人民相结合的道路一致。富于人民性、时代性，是长安画派受到尊重的一个重要原因。"

我又问："赵望云和石鲁都是长安画派的代表人物，他们的区别何在？"赵振川说："我们常说，赵望云是长安画派的奠基人，而石鲁是长安画派的旗手，两人并肩领军。当时，赵望云担任了更多艺术组织和领导工作。从时间上看，赵望云比石鲁年长十多岁，定居西安，做职业画家也较早。而石鲁的艺术风格鲜明，个性彰显，在长安画派的开创者中独具特色。"

告别的时候，应我之请，赵振川在画册《赵望云》（人民美术出版社，2006年8月第一版）上加盖赵望云的印章，并签名盖章。由于2010年5月28日将举办陕西长安画派艺术研究院成立仪式，由赵振川担任院长，所以我写下"长治久安，国艺辉煌"以志祝贺。

几天之后，我踏上了北上延安的道路，一路所见，黄土陇上，点点绿树，男女老幼，淳朴善良。联想到赵望云画册中的山川与人物，我想，一方水土养一方人，一方水土实际上也养育一方的艺术，赵望云、石鲁等长安派画家的作品正反映了艺术家对这一方水土的深情与热爱。赵振川说：艺术是现实的，又是浪漫的，二者是辩证统一的。的确如此。

张仃：毕加索加城隍庙

《大山之子：画家张仃》
河北教育出版社
2000年7月第一版

　　2010年，共有三位重量级老画家去世，分别是2月21日去世的张仃，享年93岁；6月13日去世的华君武，享年95岁；6月25日去世的吴冠中，享年91岁。由于痛失巨擘，有媒体甚至称中国画坛将进入没有老一辈大师的时代。

　　在这三位重量级老画家中，张仃的艺术活动最为复杂。华君武的成就主要在漫画上，吴冠中的成就主要在中西融合的油画与国画上，而张仃既可以被认为是现代中国漫画的开拓者之一，又可以被认为是具有代表性的国画与油画家，而且张仃涉足的艺术

张仃在《大山之子：画家张仃》上的签名盖章。

　　还包括工艺美术、装帧设计、广告设计，以及年画、剪纸、壁画等诸多领域。巧合的是，华君武和吴冠中都对张仃的艺术作出过非常形象的比喻。华君武曾说，张仃是"毕加索＋城隍庙"，而吴冠中更进一步，说张仃是"毕加索＋城隍庙＝哪吒闹海"。无论华君武还是吴冠中的评价，都反映出张仃艺术之路的色彩斑斓与博采众长。

　　2010年，上海成功举办世博会，全国庆贺，举世瞩目。尤其是中国馆"东方之冠"，像一支熊熊燃烧的火炬，如同北京奥运会的主运动场鸟巢一样，成为新世纪新阶段改革开放、和平发展

74

张仃非常欣赏西方现代派绘画。1956年，张仃曾随中国文化艺术代表团拜访居住于法国的毕加索（左图），并送给毕加索木版水印的《齐白石画集》。毕加索回赠一本画册给张仃，并且在扉页上用红蓝两色笔画了一只和平鸽并写下"张仃"二字（右图）。

的中国的象征。实际上，新中国成立之初，就对参与各种国际范围的博览会非常积极，而在这段历史中，张仃是一个重要的绕不过去的名字。

早在1952年，张仃就曾受命担任德国莱比锡国际博览会中国馆总设计师，以及捷克、波兰中国博览会总设计师。1956年，中国第一次参加巴黎国际博览会，张仃任中国馆总设计师。就是在此次工作过程中，张仃受命参加中国文化艺术代表团，随团拜访了居住于法国的毕加索。拜访之前，张仃特地为毕加索准备了自认为最好的礼物：一对民间门神年画。但当时代表团里有一

张仃1936年创作的抗日题材漫画《看你横行到几时》。张仃的艺术生涯色彩斑斓，涉及的领域众多，而起步阶段始于漫画。

位"左"倾思想严重的同志反对，张仃只好把送给毕加索的礼物改成木版水印的《齐白石画集》。毕加索也回赠一本画册给张仃，并且在扉页上用红蓝两色笔画了一只和平鸽并写下"张仃"二字。

张仃多姿多彩的绘画生涯是从漫画开始的。那时候，漫画是批判现实的强大武器，张仃与当时的许多进步漫画家一样，以揭露黑暗、反对内战、要求抗日为主题。年仅17岁，他就被反动派以危害民国罪判处三年半徒刑。他在狱中认识了当时还是画家的艾青，并读了后来成为艾青成名作的诗歌《大堰河，我的保姆》。一年后，他幸运地被保释出狱，还将三四十幅在狱中创作的漫画偷偷带了出来。

延安时期，张仃很少画漫画，他对美术设计产生了浓厚兴趣。延安开展大生产运动，他为延安的产品设计包装装潢。他在青年

新中国成立前后，张仃的一系列设计工作被人们称赞为"包装新中国"。他设计了直到今天仍在使用的全国政协会徽（左图）和开国大典纪念邮票（上图）等。新中国国徽的设计，张仃也是重要参与者。

艺术剧院担任美术导师，教授舞台美术，还为话剧进行舞台美术设计。他还曾为五省联防军部队大生产展览会作美术总体设计，并为秧歌队设计服装。特别值得一提的是，他就地取材，利用当地的木材、土陶、土毡，装修出古朴高雅的作家俱乐部，每逢周末就在这里举办舞会，还曾经吸引毛泽东、朱德等中央首长前来跳舞。

　　张仃在延安期间进行的设计工作，为他新中国成立前后的重要设计工作奠定了基础。1949年夏，张仃接到中央军委的命令，进北京编辑《三年解放战争画册》。不久，周恩来把他留在北京，让他住进中南海，负责中南海怀仁堂、勤政殿的改造。他还参加了全国政协会议的美术设计，设计了直到今天仍在使用的全国政协会徽、第一届全国政协会议纪念邮票和第一套开国大典纪念邮

第一部分 中国绘画

1979年，张仃将融汇中西的装饰画风格成功运用于首都机场壁画创作中，创作出轰动一时的大型重彩壁画《哪吒闹海》，掀起了一股壁画热。

票。1949年10月1日，开国大典隆重举行，开国大典的美术设计工作，即由张仃担任社长的美术供应社负责。新中国国徽的设计也有张仃的参与。当时，共有两个国徽设计小组，一个是以林徽因、梁思成为首的清华大学专家组，一个是张仃领导的中央美院专家组，最终的国徽方案，是在吸收了张仃小组的大量构思基础上由梁思成小组完成的。张仃的这一系列设计工作被人们称赞为"包装新中国"。

1956年，张仃被调到新成立的中央工艺美术学院，从此他对装饰艺术的探索有了很大程度的发展。其实，早在新中国成立前，他就在东北大力推行新年画运动，产生了积极的影响。张仃认为，装饰绘画的"艺术表现方法，是程式化的，强调韵律和节奏感，

万古长青

黄帝为中华人文始祖
桥山柏为树之仁者青
余多次经黄帝陵为其先
贞观鉴壬申岁日化写之
仝山仃仃并记

　　张仃《万古长青》(1992)。张仃的焦墨画气势磅礴,表现力丰富,
"把史诗性、悲剧性、沧桑感和英雄主义带进中国山水画"。他被认
为是中国绘画史上继清代程邃、近代黄宾虹之后又一位焦墨山水画
的大师。

具有强烈的感染力"。1960年，张仃带着一批研究生到云南采风，回来后组织了一次绘画展览，其强烈的装饰风格以及夸张变形的艺术处理手法引起褒贬不一的评价。华君武敏锐地发现这些画从西方现代绘画以及中国传统乡土艺术中汲取了养料，因此评价说："这是毕加索加城隍庙。"没想到，后来，正是这些探索性的绘画作品，给张仃带来巨大灾难。

至于吴冠中在华君武的评价之后又加上"哪吒闹海"，则是由于1979年张仃将融汇中西的装饰画风格成功运用于首都机场壁画创作中，创作出轰动一时的大型重彩壁画《哪吒闹海》。《哪吒闹海》的成功，掀起了一股壁画热。此后，张仃又为长城饭店、北京西直门地铁站、石家庄火车站创作多幅大型壁画，都取得了成功。但此后的这些壁画都是山水画，因为张仃的创作重点已经转到山水画。

焦墨山水画，是张仃艺术生涯的顶峰。这起源于逃过十年浩劫侥幸保存下来的一本黄宾虹的焦墨写生册页。"文革"后期，张仃独自在北京香山农村租房居住，常常研究幸存的黄宾虹焦墨画，从此开始与焦墨结缘。有评论家称，张仃借焦墨写出了内心的焦虑，这是一种置之死地而后生的艺术境界。张仃的焦墨画气势磅礴，表现力丰富，"把史诗性、悲剧性、沧桑感和英雄主义带进中国山水画"，因此，张仃又被认为是中国绘画史上继清代程邃、近代黄宾虹之后又一位焦墨山水画的大师。

因此，我想，评价张仃的艺术成就，可以有两个公式，一个是华君武与吴冠中的"毕加索＋城隍庙＝哪吒闹海"，另一个就应该与焦墨画有关，即"张仃＝焦墨画"。

我收藏的张仃画册《大山之子：画家张仃》（河北教育出版社，2000年7月第一版）是原来在我身边工作的黄海军同志帮助收集的。

华君武：用漫画扫除灰尘　鞭挞不正之风

《华君武漫画选（1955 年至
1981 年）》
新世界出版社
1989 年第三次印刷

《华君武漫画选（1983 年至
1989 年）》
今日中国出版社
1991 年第一版

　　漫画是艺术形式的一种，是近代以来随着大众化的报纸刊物
发展而逐渐发展起来的。在我国，1925 年 5 月，上海的《文学
周报》连载丰子恺的画并注明为漫画，这是中国最早称之为漫画
的作品。漫画形式轻松，笔触简单，却常常发人深省，因而深为
广大人民群众喜闻乐见。在各种形式的漫画中，我尤其喜欢幽默
而智慧地对社会及人生进行讽刺的漫画。俗话说，良药苦口利于
病。我认为，这类幽默讽刺漫画既利于治病，同时又不苦口，实
在不是良药，胜似良药。在这类漫画中，华君武的漫画代表着最

中
国
绘
画

华君武的签名盖章。

高水平。

　　我和夫人寿瑞莉共收藏了两本华君武的签名盖章漫画集。分别是《华君武漫画选（1955年至1981年）》（新世界出版社，1989年第三次印刷）和《华君武漫画选（1983年至1989年）》（今日中国出版社，1991年第一版）。虽然出版社及出版时间都不相同，但这两本书的开本及装帧设计都是同一风格，内容也有连续性。这两本书都是我国原驻埃及武官曹彭龄帮助收集的，华君武的签名落款时间是1999年10月。

　　我和夫人寿瑞莉都很喜欢这两本书，除了华君武漫画本身的魅力外，还因为这两本书都是汉英对照，是向世界介绍中国幽默与讽刺的书籍。有人说，笑声是没有国界的，但幽默是有国界的，因为理解幽默、欣赏幽默，有时候需要文明与文化的背景。但在我看来，华君武的某些漫画，可以打破文明与文化的隔膜，让不同文化背景的人都能开颜一笑的同时再回味思索一番，经典漫画

2005 年 11 月，作者及夫人寿瑞莉出席艾中信艺术展，与华君武合影。

的魅力也在于此。

例如一个讽刺戒烟的漫画《决心》，画的是某人下决心戒烟，把烟斗从窗口扔了出来，但他马上就开始反悔，又迅速跑下楼，接住自己刚刚扔下楼的烟斗。有人问马克·吐温："戒烟是不是轻而易举的事情？"马克·吐温胸有成竹地回答："那有什么难的，我已戒过一千次了。"这个漫画与马克·吐温的笑话实在有异曲同工之妙。但华君武在注释中说，这幅漫画"决不限于讽刺戒烟"。于是我们可以想象，许多朝令夕改、意志薄弱的人和现象都在此画讽刺之列，与马克·吐温的笑话相比，这幅漫画的讽刺范围无疑要广泛多了。

华君武是中国现代漫画事业的重要开拓者与领导者。他于1915 年出生在杭州，因为家境困难既没有进美术学院，也没有念完大学。1930 年，还在上初中的他向一家报纸投寄漫画稿，画了200 多幅，最后被采用一幅，这对华君武以后走上漫画创作的道

第一部分 中国绘画

路起到了激励作用。由于没有上过美术学校，所以华君武自称"民间艺人"。但他认为，虽然由于没有受过专业训练他在绘画技术上有弱点，但民间艺人也有好处，他来自民间，和老百姓比较接近，显得更自由，也更易于博采众长。"我没有老师，但我又有许多老师，中国的、外国的，甚至孩子的一张画，只要对我有启发，都可以成为老师。"华君武说。

今天的读者看华君武的漫画，有时会觉得形式老派，尤其是几十年一贯地使用毛笔创作，笔画粗犷，似乎不够时髦现代。但我认为，这正是华君武漫画独特的形式美。而且，看了华君武的自序，我发现，这也是华君武提炼自己漫画艺术，与人民大众相结合的一种方式。

华君武的漫画生涯起步于旧上海，1937年日本侵华战争全面爆发，他不愿做亡国奴，于1938年奔赴延安，在鲁迅艺术文学院工作了8年。在此期间，他除了给《新中华报》《解放日报》等画漫画外，还在学院办了一个小小的漫画墙报。但他很快发现，他的漫画，知识分子还容易看懂，但农民或农民出身的干部就未必看得懂。这是因为他较多地受到外国漫画的影响，而且原先在上海的读者对象也以知识分子为主。通过阅读毛泽东的《新民主主义论》和参加延安文艺座谈会，华君武接受了文艺为人民服务和民族化的论点，从此奠定以后的创作道路。

特别值得一提的是，1942年，毛泽东在延安寓所约见华君武、蔡若虹、张谔等三位漫画家及作家舒群，毛泽东谈了讽刺时需要注意个别和一般、局部与全局的关系，使华君武受益匪浅。

解放战争期间，在东北工作的华君武创造了一个头上贴膏药、身穿美军服装的蒋介石形象，影响很大，被许多地方的群众放大，画在街头、车站和兵营里。华君武也因此被国民党在哈尔滨的地下组织列入暗杀黑名单，罪名是"污辱领袖"。为此，华君武甚至得到一把配发的手枪，以便自卫防身。

决心

一九六二年八月

华君武漫画《决心》（1962）。华君武在注释中说，这幅漫画"决不限于讽刺戒烟"。

華君武漫画《儿童读物》（1955），讽刺儿童读物少的状况。今天的读者看华君武的漫画，有时会觉得形式老派，尤其是几十年一贯地使用毛笔创作，笔画粗犷，似乎不够时髦现代。但这正是华君武漫画的形式美所在，也是他提炼自己漫画艺术、与人民大众相结合的一种方式。

　　1958 年，华君武在英国伦敦访问时，遇见英国著名漫画家大卫·劳。大卫·劳不怀好意地问华君武："中国有讽刺吗？"由于经常遇到怀有偏见的外国漫画家，认为中国共产党和政府不允许讽刺或者害怕讽刺。华君武在漫画选的序言中明确回答说，他参加革命后除了"文革"期间，其余时间都在画讽刺画，从来没有受到压制，而"文革"中受到批判和压制也不属于讽刺的问题，因为许多不画漫画的人也照样受到了迫害。"在新中国，我们需要讽刺。"华君武说，"我们的社会脱胎于旧社会，社会的制度变了，残存于人们头脑中几千年、几百年形成的封建主义、

会场出口在哪里？

华君武漫画《会场出口在哪里？》，讽刺现实生活中会议成灾的状况。对于一些外国人认为新中国不允许讽刺的偏见，华君武说，在新中国，我们需要讽刺，讽刺旧思想是为了巩固新思想、巩固新的社会制度。我将继续用漫画去扫除各种灰尘，去鞭挞一切不正之风。

资本主义的旧思想、旧意识、旧的哲学观点和思想方法，并没有随旧制度而消失，在新的情况下陈腐的思想还不断地从外间侵袭，新旧思想、意识形态的矛盾、冲突、斗争就是中国当代漫画的主题。讽刺旧思想就是为了巩固新思想、巩固新的社会制度。"

"我将继续用漫画去扫除各种灰尘，去鞭挞一切不正之风。"在《华君武漫画选（1983年至1989年）》的序言最后，华君武这样写道。可惜，随着2010年6月13日华君武以95岁高龄去世，这支幽默讽刺的笔永远停止了工作。但他对各种灰尘和不正之风的幽默讽刺将永远发人深省。

吴冠中：追寻绘画之"美"

《沧桑入画》
中国美术学院出版社
2007 年 10 月第一版

    吴冠中出生于文化与艺术繁荣发达的江浙地区。上个世纪 30 年代，吴冠中在浙江大学学习工科。一个很偶然的机会，使他走上了艺术道路。当时，杭州艺专的朱德群与吴冠中一同参加军训，发现他喜欢绘画，便邀请他到杭州艺专玩。吴冠中看了美术馆展出的画，也看了学生们的素描与油画，他一下子发现了"美"。后来他说："我一辈子投身美术是杭州艺专给我的启示。"

    从上个世纪 30 年代开始，吴冠中的艺术生涯长达 70 年。贯穿于这 70 年间的一条主线，就是吴冠中在"美术"二字中追求

吴冠中在《沧桑入画》上的签名。

"美"而舍弃"术"、在"技艺"二字中追求"艺"而舍弃"技"。吴冠中曾经说:"美术,美术,如果'美'消失了,变成'术',那是悲哀。"在我和夫人寿瑞莉收藏的《沧桑入画》(中国美术学院出版社,2007年10月第一版)序言中,吴冠中又写道:"年耄耋,我见艺海中行舟无数,细察,只偶有几只载坐艺人,余皆匠人。"这也表明了他对"艺"的推崇,对"技"的摒弃。

对于自己的艺术追求,吴冠中认真而执著。而且,除了绘画之外,吴冠中的文章也写得好,他的理论文章以及散文,从各种角度充分阐述了他的绘画观念,使他的绘画观念广为人知。与此同时,他的一些观念由于标新立异,也常常引起争议。对于这些争议,吴冠中采取了毫不妥协的斗争态度。他常常以鲁迅为师,并且认为自己的弃工学艺和鲁迅弃医从文之间有着心灵相通。他说:"鲁迅是我人生启蒙老师,比我的授业老师还要重要,他的文艺思想、他的战斗精神、他对文学的执著,都深深感染着我,教育着我。我之所以在绘画上取得一些成就,是与对鲁迅的崇拜分不开的。鲁迅是我的精神父亲,鲁迅是我的人格老师。"可以

第一部分 中国绘画

89

吴冠中水墨画《水田》(2006)。

说，吴冠中的艺术道路，既是他不断实践、探索、前进的道路，也经过了反复总结、阐述，还伴随着不断的争议、辩论。直到他于 2010 年 6 月 25 日去世，围绕着他的艺术观点的争议一直不断。

我和夫人寿瑞莉收藏的《沧桑入画》，最初由吴冠中签名赠送给黄坤明先生，后经开书店的朋友转让给北京文津雕版博物馆常务馆长姜习先生，又经我们在南京的朋友介绍赠予我们。《沧桑入画》是为庆祝中国美术学院成立 80 周年专门举办的吴冠中同名画展的图集。中国美术学院前身即是吴冠中的母校国立杭州艺术专科学校，其最早是 1928 年蔡元培在杭州创立的我国第一

吴冠中油画《鲁迅故乡》（1977）。

　　"中国画现代化"（如左页上图）与"油画民族化"（如上图）是吴冠中最具标志性的两种艺术探索形式。吴冠中在《望尽天涯路——记我的艺术生涯》中写道："在油画中探索民族化，在水墨中寻求现代化，我感到是一件事物之两面，相辅相成，艺术的本质是一致的。"吴冠中还引用李可染的比喻：学艺像爬山，有人东边爬，有人西边爬，开始相距很远，彼此不相见，但到了山顶，总要碰面的。

吴冠中《纵马》(水墨设色，2007)。吴冠中有一组作品，主体是中国汉字，但通过造型艺术，展现出汉字的图画美。

所综合性国立高等艺术学府国立艺术院，毕业于法国巴黎美术学院的林风眠担任首任院长兼教授。《沧桑入画》书后附有一篇《吴冠中艺术思想导论》，比较全面地阐述了吴冠中的一些代表性艺术观点。

如"风筝不断线"的观点，是由吴冠中 1983 年在第 3 期《文艺研究》上发表的《风筝不断线——创作笔记》一文中提出。吴冠中写道："从生活中来的感受，被作者用减法、除法或别的法，抽象成了某一艺术形式，但仍须有一线联系作品与生活的源头，风筝不断线，不断线才能把握观众与作品的交流。"而在《这情，万万断不得》一文中，吴冠中更形象地写道："风筝放得愈高愈有意思，但不能断线，这线，指千里姻缘一线牵之线，线的另一端联系的是启发作品灵感的母体，亦即人民大众之情意。"为此，吴冠中提出了"专家满意，群众点头"的艺术标准。

的确，我们在欣赏吴冠中绘画的时候，也发现他的抽象变形都很美，而不像有的抽象绘画让人看着摸不着头脑，不知所云。对此，吴冠中认为，"抽象"是与客观现实有联系的，因而是可取的，可以进行美的塑造；而"无形象"则是断了线的风筝，不足取。

"油画民族化"与"中国画现代化"是吴冠中最具标志性的两种艺术探索形式。吴冠中在《望尽天涯路——记我的艺术生涯》中写道："在油画中探索民族化，在水墨中寻求现代化，我感到是一件事物之两面，相辅相成，艺术的本质是一致的。"吴冠中还引用李可染的比喻：学艺像爬山，有人东边爬，有人西边爬，开始相距很远，彼此不相见，但到了山顶，总要碰面的。吴冠中认为这个比喻特别适合东西方绘画的比较和分析。他自己也把油画和水墨比做山中的水路和陆路，"虽然迂回曲折，但大致伸向同一方向，且途中经常遭遇。我走在中途，不知峰巅尚在何处，但确信水、陆均通向峰巅，中、西艺术最后必在峰巅相晤言欢"。

早在 1978 年 3 月，张仃就对吴冠中的艺术探索作出高度评价。张仃撰文写道："吴冠中从创作方法，创作态度，以至作品的形式，从里到外，都'化'了。吴冠中的油画，是'民族化'了的油画；吴冠中的中国画，是'现代化'了的中国画。不论他画的是油画还是国画，只是工具不同而已，他画的都是一个中国人画的'中国画'！"

张仃和吴冠中是几十年间相互支持的画坛老友，但在上个世纪末，却打起了一场"笔墨"官司，成为当时美术理论界的重要事件。事情起源于吴冠中的一个重要观点，即"笔墨等于零"。吴冠中认为，笔与墨是中国传统绘画表现手法的主体，但后来一些人舍本求末、喧宾夺主，孤立地评论笔墨，把笔墨当成作品优

第一部分 中国绘画

劣的标准。而实际上，"构成画面，其道多矣。点、线、块、面都是造型手段，黑、白、五彩，渲染无穷气氛。为求表达视觉美感及独特情思，作者寻找任何手段，不择手段，择一切手段"。因此，"脱离了具体画面的孤立的笔墨，其价值等于零"。

对于吴冠中的观点，张仃著文《守住中国画的底线》予以反驳。张仃认为，画家有不用毛笔的自由，但画家只要拿了毛笔作画，而且是在画中国画，笔墨于他就或者是正数，或者是负数，反正不会等于零。在中西绘画 100 年的交融中，西洋画对中国画的影响可以说是长驱直入，中国画也采取开放吸收的态度，使中国画面貌翻新。但正是由于笔墨这最后一道底线的存在，使西学东渐的狂潮中仍然存在对中国画的识别能力和评价标准。笔精墨妙，这是中国画文化慧根之所系，如果中国画不想消亡，这条底线就必须守住。而且张仃认为，吴冠中的油画最大的特点就是有"笔墨"，从中国画借鉴了很多东西用到他的油画风景写生中。

艺术上的争论，其结果往往不是一方说服另一方，而是通过双方各抒己见，提升艺术认识水平。今天，张仃与吴冠中都已去世，但他们各自的观点，仍然可以被今后的画家们揣摩、探索、发展。

冯远："人"的艺术与"艺术"的人

《中国画名家经典·冯远》
上海书画出版社
2006 年 7 月第一版

《中国美术家作品集·冯远》
人民美术出版社
2008 年 11 月第一版

　　早就知道冯远，但初次谋面相识，却是在 2010 年 1 月 9 日"澹然无极：中国书画名家司法保真学术提名展"开幕式上。那一天，我和夫人寿瑞莉受邀参加开幕式，我还参加剪彩，冯远作为中国文联副主席，也是剪彩嘉宾之一。

　　冯远儒雅谦逊，我们一见面就谈得投机，而且他和我都出生于上海，就又多一些共同话题。那一天，我带了一本《中国美术家作品集·冯远》（人民美术出版社，2008 年 11 月第一版），他很高兴地为我签了名。同时他还说，他还有一本内容更全面的画

冯远在《中国画名家经典·冯远》画册上的签名盖章。

册，改天送我。后来，他将《中国画名家经典·冯远》（上海书
画出版社，2006 年 7 月第一版）签名盖章赠送给我和寿瑞莉。

通过仔细阅读欣赏这两本画册，我们发现，对于冯远的艺术
之路需要把握"三种身份"和"四类题材"。

"三种身份"，即对冯远而言，他的职业生涯交织着三种不同
的身份：艺术家、学者和国家工作人员。作为艺术家，冯远早在
1974 年就凭《苹果树下》入选"全国第五届美展"并获优秀奖，
当时他还没有接受正式的美术教育，因此他是自学画画的。1980
年，冯远的作品《秦隶筑城图》入选"全国第二届青年美展"并
获二等奖，此时的他已从浙江美术学院研究生毕业，开始了职业
艺术家的生涯。此后，冯远的作品获奖不断，影响日增，成为一
位具有代表性中国画家。

2010年1月9日，在"澹然无极——中国书画名家司法保真学术提名展"开幕前，冯远向作者签名赠书。

作为学者，冯远虽然自学画画，但在1980年9月从浙江美术学院研究生毕业后就担任了中国画系教研室主任，后来又担任中国画系教授、学院副院长等职。30年间，他发表了几十万字的美术理论文章，产生了很大影响。他的论文《"人"的艺术和"艺术"的人》《重归不似之似》《寻找迷失的精神》等理论文章，代表了当时美术理论的水平。

作为国家工作人员，冯远曾任全国青联委员、政协委员，担任文化部艺术司司长，中国美术馆馆长，中国文联副书记等职。多年来，他活跃在国家艺术行政管理工作第一线，为中国艺术的百花齐放作出了突出贡献。

艺术家、学者和国家工作人员这三种身份相辅相成，培养了冯远的胸襟气魄，也形成了冯远的艺术风格。《中国美术家作

冯远《中国历史》（1987）。冯远的历史主题性创作，通过一幅幅史诗般的作品，塑造出英雄、时代、历史、人民等恢弘壮阔的画卷，开创出积极进取的当代现实主义精神和以崇高为核心的审美样式，扩展、提升了当代人物画的新领域和新风格。

品集·冯远》的前言中指出，冯远的创作大致可分为四类：一、历史主题性创作；二、抽象水墨实验；三、都市人物系列；四、古典诗意之作。从总体看，这四类题材虽有不同，但异曲同工，共同组成了冯远缤纷多彩的艺术实践活动。

冯远的历史主题性创作最早可以追溯到1980年的早期代表作《秦隶筑城图》。这幅图以万里长城为背景，以苦难深重却在创造世界奇迹的秦朝奴隶为主体，以黑墨为主调，深沉地歌颂了中华民族的不屈意志、抗争精神和顽强斗志。以《秦隶筑城图》为起点，1982年的《英雄交响曲》、1984年的《保卫黄河》、1987年的《百年历史》……冯远通过一幅幅史诗般的作品塑造出英雄、时代、历史、人民等恢弘壮阔的画卷。"在冯远的笔下，已成功地构建出独特的史诗性语言方式，开创出积极进取的当代现实主义精神和以崇高为核心的审美样式，由此扩展、提升了当代人物画的新领域和新风格"——《中国美术家作品集·冯远》的前言中称，这正是冯远在现实主义美术史和人物画史上的价值所在。

冯远的抽象水墨实验作品更像是为他的人物画进行的水墨实验。中国绘画历来讲究水墨，并发展成博大精深的美学理论。当代许多画家的艺术创新，都从笔墨入手，最终又回到笔墨，把创新成果体现在笔墨中。无论从实践上还是理论上，冯远在水墨技法方面都独树一帜，其中典型的就是他的抽象水墨实验作品。这些作品虽然没有具体形象作支撑，但意蕴无穷，给人以丰富的艺术欣赏趣味和多种多样的联想。在此基础上，冯远又尝试着将水墨实验的效果与戏剧脸谱、汉字以及一些具象物体相结合，使他的艺术表现力上了一个台阶。

冯远的都市人物系列则突破了中国画的题材局限，把笔墨对准了当前社会中活生生的个人。在传统上，中国画分为山水、花鸟、人物等类别。在表现人物时，以古人为主。冯远的都市人物系列打破了这个局限。在他的笔下，既有坐在电脑椅上的老教授，

冯远《抽象水墨·润下》
（1998）。冯远的抽象水墨实验
作品更像是为他的人物画进行的
水墨实验。这些作品虽然没有具
体形象作支撑，但意蕴无穷，给
人丰富的艺术欣赏趣味和多种多
样的联想。

冯远《都市系列之一》
（2000）。冯远的都市人物水墨画，
笔墨大胆泼辣，写意传神，很好
地将现代精神与传统技法融为一
体，可以说为中国画打开了一个
新的视野。

又有打领带穿风衣的都市白领，还有踢足球的运动员。在绘画中，冯远的笔墨大胆泼辣，写意传神，很好地将现代精神与传统技法融为一体，可以说为中国画打开了一个新的视野。

在面向当代、面向未来进行绘画创作的同时，冯远没有忘却中国画的根基。他的古典诗意之作既是向古人学习致敬，又是在寻求突破超越。这些绘画仍以人物为主体，把人物放到充满诗情画意的情景之中，用画表达古诗意境，用古诗提升画的文学蕴藉，达到了诗情与画意融洽无间的境界。与浓墨重彩的历史主题性创作相比，冯远的古典诗意之作清新优雅、安静祥和，表现出冯远艺术创作的另一面。

应该说，在冯远身上，"三种身份"和"四类题材"是一个整体，冯远在其中自由转换，游刃有余。而我特别欣赏他对当代中国人物画中现实主义与现代主义以及后现代主义关系的阐述。在《"人"的艺术与"艺术"的人》中，冯远写道，"我们所说的现实主义，并不仅限指具有特色的中国情境，可以泛指东西方植根于今日现实的艺术。尤其是在经历了现代主义、后现代主义等等的实验之后"，现实主义"扬弃吸取了现代主义以及后现代主义的某些创作观点、方法和技巧。在作品中不同程度地吸收了诸如意识流、多中心、反讽、戏拟、夸张、趣味化等等手法，加入了某些诸如对于人生荒诞乖谬冷漠一面的揭示和表现。既反映出人的英雄、崇高的一面，也展示出人的世俗、平庸的另一面；人不再是某种平面脸谱式的简单概念，而是有血有肉的现实人以及对世俗生活中心瓦解、现实心态的描述表达等，这使现实主义人物画的内蕴外貌都得到了丰富和拓展。"

我想，欣赏冯远的艺术作品，甚至欣赏当代中国的现实主义绘画作品，上述理论都具有启示意义，借用冯远的话，就是使人物画成为"人"的艺术，使画中的人物成为"艺术"的人。

刘大为：史诗与牧歌的描绘者

刘大为赠送给作者夫妇
的部分签名书。

　　我与刘大为相识很早。我们都在军队工作。我与解放军艺术
学院的关系一直比较密切，而他就长期任职于这所军队高等艺术
学院并担任美术系主任。不知不觉间，我们就有了交往，彼此说
过多次找时间一聚。

　　在欢送牛年、喜迎虎年的2010年春节的一次活动中，我遇
到刘大为与韩美林。当时我手里拿着请柬，就灵机一动，请韩美
林画了一头牛，又请刘大为画了一只虎，这两位画家都只寥寥数
笔，画出的生肖动物虽然风格不同，但神态逼真，的确是大家手

刘大为在《史诗与牧歌：刘大为绘画作品集》上为作者及夫人
寿瑞莉签名。

笔。那一天，我又与刘大为相约聚一聚。

等到这个约定实现，已是半年之后了。2010 年 7 月 1 日，刘
大为偕夫人应约到东单参加我们的聚会，可是事到临头，刘大为
又很遗憾地告诉我，他突然接到外事活动的通知，必须参加当晚
的外事宴请。这是可以理解的。作为中国美术家协会主席，创作
之余，刘大为还要承担大量美术领域行政领导及公务外事活动。
作为弥补，我们将时间提前，餐聚改为茶会，一杯清茶，谈谈艺
术，谈谈文化。

2011 年 2 月，刘大为赠送给作者一张扇面小画"玉兔呈祥"。刘大为说："去年你让我画了虎，今年送你一张兔。"他还记得前一年作者让他在请柬上即兴画虎之事。这一来一往，成了一桩关于绘画、关于收藏的趣事、雅事。

　　那一天，我作了专门准备，将我和夫人寿瑞莉收藏的签名盖章画册摆在长桌上，向刘大为夫妇一一介绍。之后，刘大为高兴地题写了"文韬武略、翰墨集缘"。刘大为也有备而来，他提前在一个扇面上为我画了一小幅人物画，赠送给我。画中人是宋代著名书画家米芾，坐在席上读书品茶，其书卷与茶具都放在大石头上。刘大为在题款中说，米芾爱石成癖，常与石为友，伴石而眠，人称石癫，是常见的中国画题材。这幅画，刘大为使用了人物写意画法。

　　谈到当前的中国美术界，刘大为表示，他认同"高原时期"的说法，即过去的中国画是群峰并峙，涌现出了齐白石、潘天寿、徐悲鸿等大师，在这些大师之外，还只是一片"小土坡"，现在这些土坡已经长高，因此从整体看海拔提升，进入到"高原时期"。

　　刘大为《晚风》(1991)。1991 年，为参加纪念建党 70 周年画展，刘大为决定以改革开放的总设计师邓小平为主角画一幅工笔画。刘大为反复考虑过各种方案，如战争年代穿军装的邓小平、视察经济特区的邓小平、向群众挥手致意的邓小平等等，但都觉得太一般。后来在与邓小平之女邓林谈话中，刘大为受到启发，决定画一幅处理完国家大事之后坐在自家院子里看报休息的邓小平。在《晚风》中，身穿夏装的邓小平坐在藤椅上乘凉休息，姿势自然舒适，环境清幽静谧，但仿佛又有波澜壮阔的改革风云悄悄奔涌而过。有评论者认为，《晚风》是邓小平画像中最像、最好的作品之一。

同时，刘大为还认为，当代的许多中国画家，受到的古今中外技能训练都很专业，水准很高，这些画家将成为"高原时期"的中坚力量。

此前，我已经收藏了签名本《刘大为画集》（人民美术出版社，1999 年 11 月第一版）。此次相聚，我又请他在《中国美术家作品集·刘大为》（人民美术出版社，2008 年 11 月第一版）上签名。

2011 年 2 月，刘大为又将《史诗与牧歌：刘大为绘画作品集》（人民美术出版社，2009 年 4 月第一版）和《中国当代美术名家系列丛书·刘大为》（北京工艺美术出版社，2010 年 8 月第一版）签名赠送给我和夫人寿瑞莉。《史诗与牧歌》是 2009 年刘大为在上海首次举办个人画展的画册，分为中国画、素描速写、水彩三个部分，基本囊括了刘大为的代表作。画册中还收录了一些权威的美术评论家的评论文章，很有参考价值。《中国当代美术名家系列丛书·刘大为》收录的是刘大为的水彩画作品，以异域风光为主。

因为恰逢兔年，刘大为还赠送给我们一张扇面小画"玉兔呈祥"。一只大白兔伏在竹叶丛中，安静祥和。刘大为说："去年你让我画了虎，今年送你一张兔。"原来他还记得前一年春节的一次活动中我让他在请柬上的即兴之作。这一来一往，倒真成了一桩趣事、雅事。

从题材上看，刘大为的绘画作品最早聚焦于内蒙古自治区的民族风情。这与他在内蒙古长大、求学、工作有关。1973 年举办全国美展，内蒙古入选两幅作品，其中一幅是刘大为的。1974、1975 年的全国美展，刘大为都有作品入围，成为内蒙古唯一连续三届入选全国美展的画家。1978 年，中央美院停招十多年的研究生班恢复，上千人报考，而招生名额只有 10 人，可谓百里挑一，结果刘大为凭实力被录取，从此步入李可染、蒋兆和、吴作人、

刘大为《雏鹰》（1982）。早期的刘大为，绘画作品以工笔重彩
为主。他大胆地将造型、结构、光影和色彩等元素融合进去，增强
了工笔画的立体感和艺术感染力。

刘大为《秋驼》（1988）。刘大为是罕有的能够打通工笔与写意
之间的壁垒，并且在这两个领域都取得卓越成就的画家。这一方面
得益于刘大为长期生活在内蒙古，以及在新疆、甘肃、西藏等地生
活体验、写生创作的艺术积累，另一方面也由于他速写能力很强，
又对写意水墨很有造诣。在题材方面，刘大为仍然以我国西北民族
地区的风情为主，把人物与动物置于壮阔的西北边塞风光中，描绘
了"大漠孤烟直、长河落日圆"的苍茫景象。由于题材的特殊性，
以及艺术成就获得的公认，刘大为也有了"骆驼刘""大为马"的雅称。

第一部分 中国绘画

李苦禅等大师云集的艺术殿堂。

早期的刘大为，绘画作品以工笔重彩为主。他继承了工笔画工整的传统，并努力避免工笔画容易烦琐、呆板、拘谨的弊病，与此同时大胆地将造型、结构、光影和色彩等元素融合进去，增强了工笔画的立体感和艺术感染力。在布局上，刘大为注重虚实相间及大效果的营造，形象充实饱满而结构严谨，使细节服从于画面整体美感。从这个特点当中，可以看出刘大为后来向写意画过渡的过硬功底。

从上个世纪70年代中期开始，刘大为凭借工笔重彩绘画多次参加美展获奖。创作出《金色高原》(1987)、《马背上的民族》(1991)等工笔重彩代表作。但他最为人所知的作品还是描绘晚年邓小平的《晚风》(1991)。当时，为参加纪念建党70周年画展，刘大为决定以改革开放的总设计师邓小平为主角画一幅工笔画。刘大为反复考虑过各种方案，如战争年代穿军装的邓小平、视察经济特区的邓小平、向群众挥手致意的邓小平等等，但都觉得太一般。为了寻找灵感，刘大为两次走访邓小平之女、自己在中央美院的同学邓林，了解到邓小平晚饭后习惯在院子里散步休息，邓林告诉他："院子里有几棵大树，树下有几把藤椅，累了后，父亲会坐下来看看报纸、喝喝茶休息一下。"这句话使刘大为想出一个好主意：就画处理完国家大事之后坐在自家院子里看报休息的邓小平。在《晚风》中，身穿夏装的邓小平坐在藤椅上乘凉休息，姿势自然舒适，环境清幽静谧，但仿佛又有波澜壮阔的改革风云悄悄奔涌而过。后来邓林也说，《晚风》中的邓小平神态非常逼真，是画她父亲最像、最好的一幅作品。

今天，我们看到的刘大为新作，大都是富于大为特色的写意人物画。传统国画中，工笔与写意是两个相差较大的门类。刘大为是罕有的能够打通工笔与写意之间的壁垒，并且在这两个领域都取得卓越成就的画家。这一方面得益于刘大为长期生活在内蒙古，以及在新疆、甘肃、西藏等地生活体验、写生创作的艺术积累，另一方面也由于他速写能力很强，又对写意水墨很有造诣。与工笔画相比，刘大为的写意人物画更加恢弘壮观，人与自然、人与动物关系更加浑然一体，开创了刘大为艺术创作的新境界。而在题材方面，刘大为仍然以我国西北民族地区的风情为主，以人物为主体，以动物相衬托，把人物与动物置于壮阔的西北边塞风光中，描绘了"大漠孤烟直、长河落日圆"的苍茫景象。由于题材的特殊性，以及艺术成就获得的公认，刘大为也有了"骆驼刘""大为马"的雅称。

艺术家王镛曾经写过一篇文章《史诗与牧歌》。2009年春，刘大为在上海举办首次个人画展，展名就是"史诗与牧歌"。王镛在文章中将刘大为塑造中华民族伟人、英雄形象的历史画称为史诗风格的作品，将他表现内蒙古、新疆、西藏等地少数民族生活的风俗画称为牧歌情调的作品，并引申说："中华民族近百年来艰苦卓绝奋斗的历史本身就是一部现代的英雄史诗，中国少数民族在改革开放时期的幸福生活就是一曲曲优美的牧歌。刘大为塑造中华民族英雄形象的历史画呈现出史诗般的质朴厚重风格，他表现中国少数民族生活的风俗画充满了牧歌式的豪放浪漫情调。史诗风格与牧歌情调形成了刘大为的中国人物画艺术的两大特征。"的确，从刘大为作品中，我们既可以看到史诗的雄伟壮丽，又可以看到牧歌的浪漫豪放。联系到刘大为作为文联副主席、美协主席的身份，我相信，中国美术界的探索与实践也同时兼具史诗与牧歌的特性。

第一部分 中国绘画

109

侯一民 邓澍：古今一片月 风雨百年心

侯一民、邓澍夫妇赠送给
作者夫妇的签名盖章书。

　　我和夫人寿瑞莉与侯一民、邓澍夫妇相识相交，是经过中央
电视台导演张子扬的介绍。张子扬是著名的电视人，曾导演过多
台春节及元旦文艺晚会并获奖，组织创办过《人与自然》《环球》
《正大综艺》等广受欢迎的栏目，同时他还是一位勤奋的作家、
学者，出版过多种研究专著、报告文学、散文诗歌等。2002年6
月22日，在张子扬的带领下，我们来到侯一民、邓澍位于北京
西郊戒台寺畔的山间居所。

　　这是一处幽静的庭院，他们在这里过着典型的艺术家的生活，

侯一民、邓澍在《向祖国汇报——新中国美术60年（1949—2009）》上的签名。

到处都是绘画作品与绘画材料，到处都是侯一民收集的各种古董文物，同时，这里鸡鸣犬吠，充满田园情趣。邓澍养了不少孔雀，有白孔雀，有花孔雀。午餐时候，我们吃土菜，卷饼子，喝玉米粥，是真正无污染的农家菜。

侯一民和邓澍专门辟出一间大厅，陈列他们的美术作品。其中，最吸引人注意的是创作于1964年的大型油画《六亿神州尽舜尧》，这幅油画当年作为印刷品，发行上百万份，在中国广为人知。侯一民还介绍我们看了1957年创作的油画《青年地下工作者》。这是他对自身解放前地下工作生活的写照。1946年，侯一民考入北平艺专，时任校长徐悲鸿。由于追求进步，不久后，侯一民加入中国共产党，并担任地下党北平艺专党支部书记。《青年地下工作者》中，青年学生有的手持油灯，有的在收听电台，有的在印刷传单，画面色调灰暗，但又包含温暖的火光，在青年

　　侯一民《青年地下工作者》(布面油彩，1957)及其签名。这幅
画是侯一民解放前地下工作的真实写照。

邓澍《保卫世界和平签名》（年画，1950）及其签名。侯一民与
邓澍的艺术合作及组建家庭，最早即始于年画创作。

大型画册《向祖国汇报——新中国美术60年（1949—2009）》
是文化部为庆祝新中国成立60周年举办的重点文化项目的画册。其
中既收录了侯一民的《青年地下工作者》，又收录了邓澍的《保卫世
界和平签名》，《保卫世界和平签名》更位列年画类第一幅，由此可
见侯一民、邓澍夫妇在中国美术界的重要地位。

人的身上闪耀着青春与希望的光芒。北京解放的时候，侯一民等地下党美术工作者秘密印刷了十万多张传单。在北京解放的当天，这些传单贴遍全城。

侯一民与邓澍同为河北高阳人。邓澍参加革命更早，她16岁就坐了日本宪兵队的牢，出狱后于1945年只身投奔解放区，1949年随大军进驻北京，与侯一民在新建的中央美术学院相逢。从1951年开始，他们合作画年画，由此结下终身情缘。1952年，侯一民与邓澍结婚。侯一民和邓澍说，"为人民而艺术"对我们不仅是理性的需要，而是天经地义。

2008年春，侯一民夫妇将一套《侯一民邓澍美术作品合集》（辽宁美术出版社，2006年9月第一版）签名盖章后赠送给我们。这套书共四册，一册是侯一民的油画、素描，一册是侯一民的中国画，一册是邓澍的油画、素描、年画，还有一册是侯一民、邓澍的壁画、雕塑、陶瓷、公共艺术、生活速写，基本囊括了这对老艺术家夫妇一生的艺术精华，也反映出他们涉足的艺术领域之广泛。侯一民、邓澍很谦虚幽默，他们说，他们这一生，多一半时间是教书、开会、挨斗，可是总改不掉"总想画画"的毛病。但我想，正是因为"总想画画"的毛病，中国艺术界才有了那么多令人尊重、青史留名的艺术作品。

张子扬最初向我们介绍侯一民、邓澍时，称他们是中国"最富有"的画家。这是因为他们是我国第三、四套人民币设计的美术专家。第三套人民币设计工作从1958年开始，当时的设计专家组共五人，侯一民、邓澍夫妇占据二席；这个五人专家组一直延续到1979年底开始的第四套人民币设计，侯一民、邓澍夫妇仍占二席。1998年3月，中国人民银行特地向他们颁发了荣誉证书。因此，侯一民、邓澍夫妇即使不是"最富有"的画家，但肯定是绘画作品传播范围最广的画家了。

侯一民常常自称杂家，他说，油画界认为我们已下岗转业，

　　2009 年 9 月 29 日，作者及夫人寿瑞莉与侯一民、邓澍在油画《六亿神州尽舜尧》前留影。

　　2009 年 9 月 29 日，作者及夫人寿瑞莉与侯一民在油画《青年地下工作者》前留影。

侯一民、邓澍的人民币主景设计（上图）。1958年，侯一民、邓澍成为第三套人民币设计五人专家组成员。1979年，侯一民、邓澍又成为第四套人民币设计五人专家组成员。为此，中国人民银行专门向他们颁发了荣誉证书（下图）。

国画界也不认为我们是国画家，雕塑界称我们是"杂牌军"，媒体把我们当做"画钞票的"，我们住的村里人叫我"泥人侯"，由于我们在深圳的锦绣中华、世界之窗以及美国的锦绣中华设计制作了约10万件高温斗彩小瓷人，所以我们也被称为"小公崽之父"……虽然他们涉猎如此之广，但在壁画领域，却无法否认，侯一民作为新中国壁画事业重要开拓者的地位，他曾是中央美院壁画系主任、中国美术家协会壁画艺委会主任、中国壁画学会会长。

2009年5月7日，我到中华世纪坛出席了侯一民领衔主创的巨幅绘画《抗震壮歌》的展览。在世纪坛的展厅里，长200米、高2.5米的《抗震壮歌》犹如一条巨龙，盘曲伸展在各个展厅间。碳精造成的素描效果，写实手法中人与环境的融合和挤压，塑造出了汶川地震灾难及救援的慷慨悲壮，从中可以感受到中华民族绵绵不绝的强大生命力。侯一民在致辞中特别提到他坚持的现实主义艺术道路，他希望现实主义风格使艺术获得强大的现实感染力。尤其令人感动的是，创作过程中，侯一民突然病倒，昏迷了160个小时才醒来。为了一幅画，几乎付出生命代价，这就是老一辈艺术家的境界！

　　几个月之后，我和夫人寿瑞莉又在第十一届全国美术作品展览的壁画作品展上见到了这幅《抗震壮歌》，同时还欣赏到大量形式各异的壁画作品。侯一民是这次展览组织、评审委员会的领导。有意思的是，同时展览的还有一些新中国历史上的著名壁画，其中就包括《六亿神州尽舜尧》。侯一民告诉我，为了把这幅壁画搬到展厅，"拆了家里房间的一面墙"。

　　该怎样评价侯一民和邓澍的艺术人生和艺术境界呢？由我帮助联系，侯一民曾经为中国国际战略学会高级顾问潘惠忠将军用一句话写下自己的人生感悟。他写的是：古今一片月，风雨百年心。侯一民解释说，这是他的朋友、诗人刘征的诗句，他特别喜欢，还专门为此刻了一方印章。同时，侯一民还送给我和夫人寿瑞莉一本书，书名就是《古今一片月、风雨百年心》。这是一本珍藏版精装书籍，由国外出版机构以中英文双语出版，收录了侯一民绘画、刘征作诗的30个中国古代寓言故事。美国著名音乐剧《狮子王》《美女与野兽》的制片人Don Hahn在序言中说，人类天赋的说故事能力使人类连结成一个整体，这些古老的故事就能起到冲破时空隔阂、加强文化交流的作用。侯一民在序言中解释说，"月"代表着友情与无限的思念，地球上的每个人都平

第一部分 中国绘画

收藏版《古今一片月，风雨百年心》及其收藏证书。

　　侯一民"古今一片月，风雨百年心"及其篆刻的印章。诗人刘征的这句诗，是侯一民与邓澍艺术追求的写照。

　　等地享受着她的爱抚，而地球人的心是相通的，无论有多少风雨，人的命运相互连结。正因为如此，这本书的英文译名是"ONE MOON, ONE HEART"（同一颗月亮,同一颗心）。而我的理解是，艺术，像朗朗夜空中的明月，可以照彻古今；像遮风挡雨的伞，可以守护人类心灵。从积贫积弱的旧中国，到繁荣昌盛的新世纪，侯一民与邓澍都秉持着这样一颗火热的艺术之心。

韩美林：童心未泯的艺术奇才

《几回明月——韩美林课
徒人体画稿选》
凤凰出版传媒集团江苏
美术出版社
2011 年 1 月第一版

2009 年 5 月 28 日是中国传统的端午节。过去，端午节照常上班，但从 2009 年起，国家将五一长假缩短，同时将清明节、端午节、中秋节定为法定节假日。这样，2009 年 5 月 28 日我们全家，包括女儿、女婿和第三代两个外孙，都不用上班上学。这一天怎么度过？看画去！

驱车出了北京城区，向东很快就到通州区，在京通高速的八里桥收费站出来，折向东南，很快就到了目的地：位于梨园站九棵树东路的韩美林艺术馆。

韩美林在《几回明月——韩美林课徒人体画稿选》上写道："光楷、瑞莉二贤雅正"，使用的是与他的装饰风格浑然一体的篆书，婀娜多姿，变化多端，虽然只是签字，但也有很好的艺术欣赏价值。

在中国，韩美林艺术馆共有两座。一座位于杭州，2005年10月19日正式开馆，馆藏韩美林捐献的1000件作品。另一座即位于北京通州，2008年6月25日正式开馆，馆藏韩美林捐赠的2000件作品。令韩美林颇为自豪的是，这两个艺术馆分别位于京杭大运河南北两端，仿佛是在向源远流长的中华文明致敬。

位于北京通州的韩美林艺术馆面积约1万平方米，是国内最大的以个人艺术为主题的艺术馆。除了馆藏的2000件展品外，还有近3000件作品在这里轮流展出。韩美林艺术成果真是丰富。其中的原因，我想，主要有两个，天才与勤奋。据说，韩美林能够一天工作十七八个小时，画出数百幅画，而且画面变化多端，绝不重复。

我多次见过韩美林当场作画。这些年来，我几乎每年都能在党中央、国务院举办的春节团拜会上遇到韩美林。他总是带着自己创作的生肖贺卡送给在场的朋友们。此时，我常常会拦住他，请他在贺卡上画几笔，而他只用寥寥数笔，往往就能传神地画出当年的生肖形象。围着他的人不止我一个，于是他就不停地画，仍然是寥寥数笔，而动物的形态却都各有不同。因此，我常想，韩美林绘画作品的数量，恐怕连他自己都无法统计。而能够如此高质高产，除了艺术奇才，还能有谁？

这一天，与我们一同造访韩美林艺术馆的，还有卫生部副部长黄洁夫一家三代。此前不久，韩美林患病住院，为他主持手术的就是黄洁夫。手术期间，我去医院探望韩美林，当时就约定等他病愈后到韩美林艺术馆做客。

在当今艺术界，韩美林作为一位高产的"全能型"艺术家，其创造活力之旺盛、涉及的艺术门类之多、作品数量之丰富，罕有匹敌者。在绘画、书法、陶艺、雕塑、设计、工艺美术等多个领域，他都有很高成就。不到韩美林美术馆，很难想象一位艺术家的创造活力能够如此旺盛。

韩美林艺术馆共有四个展厅，我们在一个个展厅里驻足观赏。一号厅陈列着韩美林的钧瓷、青瓷、紫砂等陶瓷工艺品，及印染、木雕和民间工艺品。韩美林的陶瓷制品以挂盘、钧瓷和紫砂壶最多。挂盘简洁清雅，极富装饰性；钧瓷釉色丰富，变幻无穷；紫砂壶形态各异，既实用又美观。我们还看到韩美林对传统的布老虎、印染等民间工艺品的改造成果，为民间艺术锦上添花。

二号厅陈列的是在卡纸上画的速写、装饰画，以及设计的文化标志等。他的速写，既像是信手拈来，又像是抓住了瞬间的自然流动，千变万化，而又让人心领神会。他的装饰画，造型优美夸张，色彩鲜艳缤纷，充满天然情趣。韩美林参加过众多国家重大活动的美术设计工作，其中最突出的是北京奥运会的福娃和申奥会徽。在这里，陈列着韩美林设计的原稿。中国国际航空公司的凤凰标志，也是韩美林设计的。

第一部分　中国绘画

　　2009 年 5 月 28 日，作者与夫人寿瑞莉，及外孙悠悠、外孙女尧尧在韩美林艺术馆内合影。

　　2008 年 2 月 4 日，在党中央、国务院的春节团拜会上，作者与财政部原部长项怀诚（右）、韩美林（中）合影。在春节团拜会上，韩美林常常向大家赠送自己创作的生肖贺卡，还会现场为大家在贺卡上作画，寥寥数笔，栩栩如生。

三号厅陈列着韩美林的一些雕塑作品。他的雕塑作品，大到十几米、几十米，小到杯盘碗碟，或者崇高壮美，或者灵秀雅致，都有很强的视觉冲击力。即便是一组母子主题的雕塑，就有几十种不同造型，淋漓尽致地表现了母爱子、子恋母的人间真情。

四号厅陈列着韩美林的国画和书法作品。韩美林的国画，最常见的题材是动物和人物。韩美林喜欢用流畅的弧线和直线画出动物形体结构的关键部位，然后再以墨色画出动物皮毛的质感。韩美林的人物画大都由复杂多变的曲线完成，不仅显示了人物体态之美，也展现了线条本身的魅力。韩美林的书法具有很强的装饰风格，但仍能看出楷体字"颜体"的影响。

这里最引人注目的是大量我们根本无法辨识的"天书"。几十年间，韩美林花费大量时间，从全国各地的古代甲骨、石刻、岩画、古陶、青铜、陶器、砖铭、石鼓等文物上搜集记录了几千个符号、记号、图形和金文、象形文字，有一些是至今仍然没有破译的古代文字。韩美林对这些符号和文字进行临摹和整理，汇集成册，称为《天书》（百花文艺出版社，2007年1月第一版）。经韩美林的艺术之手，这些"天书"雄浑而灵动，融合了古朴与现代，既像文字，又像书法，还像绘画，从美学意义上实现了人类象形记号的返璞归真。这一天，韩美林赠送给我们的签名书，就是《天书》。

不知不觉，已至中午。韩美林的夫人周建萍为我们准备了可口的午餐。周建萍是一位作家，她曾将《回眸"女儿谷"》签名赠送给我和夫人寿瑞莉。书中写了女子监狱鲜为人知的故事。为了创作此书，周建萍曾经长期到女监体验生活，因此内容真实而感人。周建萍是在韩美林很困难的时候毅然嫁给韩美林的。她的好朋友谢晋对她说：我想把你托付给韩美林。他们的婚后生活幸福美满，按照韩美林的说法是换了一个活法。

这一天活动的高潮，是由韩美林发起的。他现场为我们第三

在当今艺术界，韩美林作为一位高产的"全能型"艺术家，其创造活力之旺盛、涉及的艺术门类之多、作品数量之丰富，罕有匹敌者。在绘画、书法、陶艺、雕塑、设计、工艺美术等多个领域，他都有很高成就。

　　人们熟知韩美林，除了北京奥运会的福娃标志、申奥会徽、中国国际航空公司的凤凰标志外，最主要的还是他笔下的小猫小狗、小狐小猴。韩美林喜欢用流畅的弧线和直线画出动物形体结构的关键部位，然后再以墨色画出动物皮毛的质感。这些憨态可掬、稚气可爱的小动物，也反映出韩美林天真烂漫的童心。

代的小朋友作了画，当然是我们都喜闻乐见的典型的韩美林式的小猫小狗。但韩美林并没有为每一位小朋友作画，而是故意少画了一幅。"请你们抽签，抽中了就有画，抽不中就对不起了。"韩美林笑眯眯地说。孩子们都兴奋了，争着试试手气。我们这些长辈也看得哈哈大笑。

　　此时的韩美林，一脸顽皮，真不像是比我还年长的古稀老人。我突然想到，韩美林的成功，除了天才与勤奋外，恐怕还因为他始终有着一颗童心，一颗对人生、对艺术、对美不倦探索、真诚炽烈的童心。黄永玉曾说："韩美林说的坏人一定很坏，因为他轻易不给人下结论；他说的好人你千万别相信，才不一定呢！"冯骥才也说："当韩美林张开双臂热烈拥抱这个世界的时候，无数贪婪的手把他两兜掏了个精光。"也许，正是这样的不设防的童心，才能使韩美林将全部精力与才华投入到美的创造之中。

2011 年 2 月 20 日，韩美林又将最新出版的《几回明月——韩美林课徒人体画稿选》(凤凰出版传媒集团江苏美术出版社，2011 年 1 月第一版）签名赠送给我和夫人寿瑞莉。韩美林使用的是与他的装饰风格浑然一体的篆书，婀娜多姿，变化多端，虽然只是签字，但也有很好的艺术欣赏价值。

《几回明月》是韩美林教授外国留学生的画稿。在序言中，韩美林透露，这本厚厚的画稿选，是他"在两天之内用了不到两个小时画出来的"。他说："我肚子里东西，像抽丝一样不断，像甩籽一样成千上万，而且不重样。信不信由你，全部画稿都是默写。"

但在序言中，韩美林还写道："我真正的画作不多，社会上传遍了我一天画二百，两天画三百。我的创作还真没那么多。二百、三百倒有那么神过几次，可都是手稿、习作。基本功与创作的关系像金字塔一样，真正的作品就那尖上的一块石头。基本功、习作就是那一块石头下面那几十万块石头。"

这两段话看似矛盾，但在澄清韩美林作画是否那么神的同时，透露出来的创作与习作的辩证关系更加耐人寻味。

陈逸飞：东方风格的油画魅力

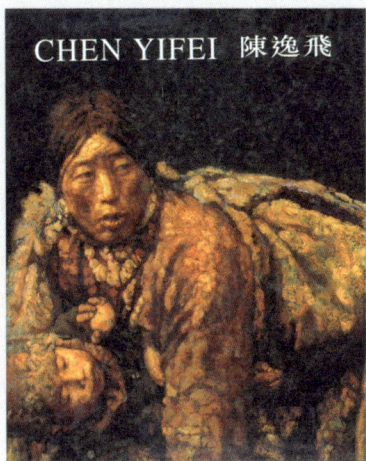

《陈逸飞》
英国玛勃洛画廊
1996 年

　　中国画与油画分别是东西方最具代表性的绘画艺术。与中国画上千年的历史传承相比，油画的历史较短，只有六七百年。油画进入中国，最早始于明朝末年，如果从明万历 29 年（1601 年）传教士利玛窦向明神宗呈献油画圣母像算起，油画在中国已逾 400 年。但油画艺术真正被中国人使用并且得到本土化的发展，还是在近百年间。

　　新中国成立以来，中国的美术家一直注重油画的民族风格和本土特征，既在创作实践上不懈追求，又在理论上多方探索。经

陈逸飞在画册上的签名。

过几代美术家的努力，中国油画基本完成了本土化发展，成为一门广受欢迎、深入人心的视觉艺术。与此同时，一批训练有素、技艺高超的艺术家也走出国门，在世界艺术互相交流借鉴的大背景下获得东西方的共同认可，取得骄人成绩。陈逸飞就是其中颇有代表性的佼佼者。

上世纪80年代，邓小平亲自邀请美国著名实业家哈默博士来华访问并投资。在一次会见结束后，哈默送给邓小平一件礼物：陈逸飞的油画《家乡的回忆：双桥》。这是陈逸飞根据苏州周庄的风景创作的油画，当时陈逸飞是哈默画廊的签约画家，已逐渐在西方成名。哈默选择这幅画送给邓小平别有深意：因为中国的美丽，更因为中国人已经发现这种美丽，所以他选择来到中国投资。画中桥的形象还可以引申为沟通、交流的意义，陈逸飞自我定位为"东西方艺术之间架桥人"，也缘于此。但无论如何，通过艺术家的发现，周庄逐渐成为小桥流水的江南水乡的代表。后来，我和夫人寿瑞莉到周庄参观，就想到了艺术家与生他养他的土地之间的相互依存、相互发现。

1984年，美国实业家哈默博士访华，将陈逸飞的油画《家乡的回忆：双桥》赠送给邓小平同志。

我很早就收藏了陈逸飞的签名画册。1996年底和1997年初，在东西方艺术界及艺术市场都获得成功的陈逸飞载誉归来，在上海及北京举办了大规模的陈逸飞回顾展。展览策划方英国玛勃洛画廊印制了展览画册，并由陈逸飞签了一批。后经朋友介绍，陈逸飞在画册上补写了我的名字赠送给我。

这是陈逸飞在内地举办的首次个人画展，荟萃了到那时为止的陈逸飞的主要代表作。画册分为油画、素描及水彩两部分。我仔细看了画册前面的前言及简介，发现一个有趣的现象：中国评论家注重的是陈逸飞的中国民族特征，外国评论家则更多地提到陈逸飞受到的西方影响。

例如，上海博物馆的前言说：陈逸飞油画作品的最大特点，在于画面上弥漫着宁静和平和，在写实主义中渗透着中国传统的美感。无论是描绘江南水乡的风景还是生动传神的女子肖像，无不体现画家的一种追求："运用西方的技巧，赋予作品中国的精

第一部分 中国绘画

　　陈逸飞《恋歌》(1995)。国外学者认为,陈逸飞的绘画,在强烈的现实主义风格中,弥漫出浓郁的中国式的东方韵味,他的画风是当代的"浪漫写实主义"。

　　陈逸飞早期的革命浪漫主义代表作《占领总统府》(局部，与魏景山合作，1976)。

　　陈逸飞的代表作《踱步》(1979)，把一个反思者的背影画在五四运动的历史画卷前，反映出他透过中国近代的苦难历史对人文精神的找寻。

神。"

时任中国美术家协会副主席的王琦在前言中说：陈逸飞是以一个地道的中国人的艺术面貌进入国际艺坛的，他用自己独特的艺术语言与世界艺术接轨。……陈逸飞的油画是具有中国民族特色的油画，是具有艺术家个性色彩的油画，也是具有国际性的油画。

德国著名艺术评论家卡尔·鲁伯格教授在简介中说：陈逸飞与欧美化确有共鸣，其高超纯熟的技法勿庸讳言源于欧美。……其女音乐家系列绝大多数以西方女性为主人公，画面处理不失传统，精确的技法归于他对西画锲而不舍的钻研，画家的作品于是被置于传统与现实、东方与西方、美国与亚洲之间。

但卡尔·鲁伯格没有忽视陈逸飞作为中国画家的艺术自觉。他说，陈逸飞的绘画，在强烈的现实主义风格中，弥漫出浓郁的中国式的东方韵味。对于陈逸飞的绘画，卡尔·鲁伯格认同《纽约时报》的观点，即陈逸飞的风格是当代的"浪漫写实主义"。

作家余秋雨在简介中归纳了陈逸飞在时代的推动下探索艺术之路的四个阶段，第一个阶段，在学习绘画阶段，陈逸飞在俄罗斯写实主义油画技法中找到了滋养他的技术性基础；第二个阶段，英雄主义、理想主义的绘画实践，陈逸飞通过在街头画巨幅宣传画、考察并描绘黄河等，奠定了创作大幅油画的气度和能力，并培养了浪漫主义风韵，这一时期的代表作包括《黄河颂》《占领总统府》等；第三阶段，是在"文革"之后，陈逸飞成为美术界较早进行反思的画家，创作于1979年的《踱步》把一个反思者的背影画在五四运动的历史画卷前，反映出他从中国近代的苦难中寻找人文精神的努力，反思的结果，是将自己的绘画风格引向了典雅、深厚而柔美的境界；第四阶段，是在改革开放之后陈逸飞走向国际舞台，提升了"浪漫写实"风格，并且在笔端上流露出文化意义上的别离和眷恋。

《陈逸鸣》画册
美国哈默出版社
1997 年

陈逸飞的弟弟陈逸鸣在画册上的签名。陈逸鸣也是一位职业画家，他也像陈逸飞一样画了一系列江南仕女的画像，但他画的福建惠安海滨景象及桌上静物等内容没有出现在陈逸飞的笔下。

余秋雨还总结出陈逸飞成功的原因："既有写实功力，又有浪漫情调，又有精神追求，又有国际眼光，交相涡旋，于是成了一个成功者。"

在美术界取得成功之后，陈逸飞将探索的步伐迈向更广阔的天地，他设计服装，办杂志，还作为导演拍摄了《海上旧梦》《人约黄昏》等影片，显示出全方位、多元化发展的势头。当记者问起他的发展目标时，他说："我画画、拍电影、设计服装，如今还办起了媒体，有人问究竟该如何称呼我，我说叫视觉艺术家吧。"但很遗憾，2005 年 4 月 10 日陈逸飞因病在上海去世，享年59 岁。

2010 年 5 月，在陈逸飞去世 5 周年之际，通过著名主持人杨

第一部分 中国绘画

133

澜及其先生吴征的帮助，我又得到一本陈逸飞画册。这本厚重的画册囊括了陈逸飞的主要代表作，按照革命英雄主义、女乐师、仕女像、江南水乡、藏族人物、老上海人物等主题顺序排列，可以清晰地看出陈逸飞的艺术发展历程。陈逸飞的弟弟陈逸鸣在扉页上写下"纪念逸飞"。

陈逸鸣也是一位成就斐然的专业画家。一同赠送给我的，还有一本陈逸鸣的画册。陈逸鸣也像陈逸飞一样画了一系列江南仕女的画像，但他画的福建惠安海滨景象及桌上静物等内容没有出现在陈逸飞的笔下。

我和夫人寿瑞莉与吴征、杨澜夫妇多有交往。十多年前与他们初识的场景我还记忆犹新，我是在皇城根城墙遗址附近的一家茶社与吴征、杨澜见面，大家聊得很开心，当时杨澜还把她的签名书赠送给我。

吴征、杨澜知道我们夫妇的收藏爱好，并帮助我们收集了不少签名盖章书。2010 年 9 月，经吴征、杨澜帮助，我们又得到四本中国油画家的签名盖章画册，分别是《中国当代油画名家画集·王沂东》（人民美术出版社，2006 年 12 月第一版）、《中国写实画派·杨飞云》（吉林美术出版社，2009 年 1 月第一版）、尚扬的《大风景的喟叹》（四川美术出版社，2007 年 10 月第一版）、张晓刚的《修正》（纽约佩斯维尔登斯坦出版，2008 年）。这四位画家都在艺术界以及艺术市场上取得了成功，是国内外知名度较高的中国油画家。在我 1996 年收藏的陈逸飞画册中，德国著名艺术评论家卡尔·鲁伯格谈到中国油画时说："中国画家开始画油画不过一百多年的光景，但近年来进步迅速，令人惊叹不已。他们悉数吸收西洋画应有的质素，同时或多或少掺和了中国传统印记，作品呈现出令人注目的独立性和多样性。"应当说，用鲁伯格教授的这句话，评论这四位画家，评论当前中国民族化、本土化的油画，都是中肯的、恰如其分的。

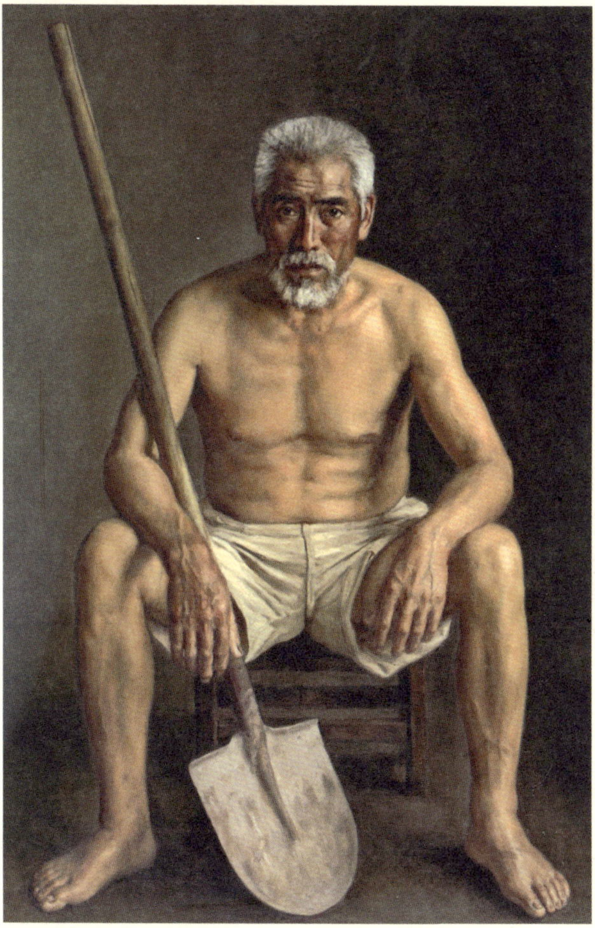

杨飞云《父亲——期待》（2006）。

熊光楷将军：

教正

杨飞云
2010.9.28

《中国写实画派·杨飞云》
吉林美术出版社
2009年1月第一版

王沂东《天边的云朵》(1992)。

熊光楷将军斧正

王沂东
二〇〇九·九·十九

《中国当代油画名家画集·王沂东》
人民美术出版社
2006 年 12 月第一版

邓林：自然的箫声　远古的回音

《邓林画集》
人民美术出版社
2001年8月第一版

　　邓林是小平同志的长女，我与夫人寿瑞莉与邓林熟悉，源自吕正操之女吕彤岩的介绍。邓林性格爽朗，颇多平民意识。有时候我们在玉泉山聚会，邓林会带来自己做的四川凉面，麻辣味非常地道，既省钱又省时间，我们都吃得很高兴。

　　邓林还有一绝，就是对音乐非常熟悉。她说，她从小就喜欢音乐，还曾在中央音乐学院附中学习。有了她，就会有歌声。有时候，我们唱起几十年前的老歌，旋律还记得，但歌词都记得模模糊糊了。这时，请教邓林，准没错，她几乎都能清清楚楚地

邓林在《邓林画集》上的签名。

记住。

邓林是职业画家。她从 18 岁开始学画，师从花鸟画家汪慎生先生。当时，她正在中央音乐学院附中学习。随着画艺进展，尤其是学画愿望日益强烈，两年后她转入中央美术学院附中，并于毕业后进入中央美术学院中国画系，师从李苦禅、郭味蕖、田世光等先生专攻花鸟画。

我从 1994 年开始收藏签名盖章书，其后，我的夫人寿瑞莉也参与进来，与我一同收藏，并帮助我归类、整理、录入电脑中进行管理。促使我进行这项有意义的工作的源头，是邓小平的小女儿邓榕（毛毛）赠送给我一本邓小平同志亲笔签名的《邓小平文选（第三卷）》。事实上，我和夫人的收藏也得到邓林的很大帮助。2003 年 2 月 8 日，邓林送给我们一本盖章的《邓小平文选（第三卷）》，她还细心地附条说明，这方邓小平印章好像用过，因为图章上沾了许多印泥。有意思的是，后来我们又遇到邓林，她告诉我们，那方印章已经捐给了四川广安的邓小平故居纪念馆。看

邓林《红梅图》（1985）。邓林的大写意花卉，以画梅广为人知。

来，收藏一定要把握机会，否则很可能会与珍贵的藏品失之交臂。

作为收藏爱好者，邓林的画集当然也在我们的收藏之列。2003年1月18日，邓林将一本《邓林画集》（人民美术出版社，2001年8月第一版）签名后赠送给我和夫人寿瑞莉。通过《邓林画集》，我们可以欣赏到邓林绘画艺术的概貌。

稍稍翻阅，就可以发现，邓林的绘画主要集中于两个领域：大写意花卉画，以及由彩陶纹样幻化而来的抽象水墨画。在画册的前半部分，基本上都是写意花鸟画。1987年，邓林将一幅抽象水墨画命名为《第一张》。从那往后，抽象水墨画所占比重逐渐增加，再往后，还有许多根据她的抽象水墨图案用纯丝手工编织的壁挂。对于自己的绘画题材，邓林有非常形象的比喻。她把写意花鸟画比做"自然的箫声"，把抽象水墨画比做"远古的回音"，纯丝手工编织的壁挂系列就命名为"远古的回音"。

邓林最初所学，就是大写意花卉，并以画梅广为人知。"文革"后，邓林恢复画画，虽以梅花为主，但也画松、竹、菊、荷花、枇杷、藤萝和葡萄等。到了上世纪80年代后期，邓林开始集中精力画梅，既画墨梅，也画红梅、绿梅。邓林的梅花，枝干纷披，雄浑大气，删繁就简，不拘细节，通过写意很好地表达了心性。进入上世纪90年代，随着抽象水墨画的进展，邓林虽然仍以画梅为主，但常常配以其他花卉和器物，其精神内蕴更加丰富。

中国写意绘画讲究妙在似与不似之间，这实际上为邓林后来进行抽象水墨创作打牢了技艺基础。上世纪80年代后期，邓林有机会分别到美国和法国观摩现代艺术，又研究了原始艺术对西方现代艺术的影响，经过系统分析，认为"中西艺术都发端于抽象，但西方艺术很快走入了具象，近代又回归了抽象，而中国艺术却在长期发展中未完全走入具象，至近代受西方写实主义影响才走入具象。而中国画妙就妙在它的意象精神，不为形似、具象所束缚"。这个观点促使邓林从中国原始彩陶艺术的原创性和抽

邓林《图腾》(1994)。上个世纪80年代末，邓林脱胎于彩陶纹样的抽象水墨画问世，立即令人耳目一新，受到海内外同行的一致称赞。这些作品，气势磅礴，拙朴厚重，似是无章可循，但又切合于人的审美兴趣。

象性入手，探索抽象水墨画并进而步入现代艺术殿堂。

上个世纪80年代末，邓林脱胎于彩陶纹样的抽象水墨画问世，立即令人耳目一新，受到海内外同行的一致称赞。这些作品，气势磅礴，拙朴厚重，似是无章可循，但又切合于人的审美兴趣。中国传统水墨的魅力在其中表达得淋漓尽致，同时又仿佛能与远古对接，将古今融为一体。邓林说："我追求的效果也许只能用音乐作比喻：平衡和对位，以及光暗之间的节奏。"这些抽象水墨画经放大后，用纯丝手工编织的方式做成壁挂，使水墨的韵味

《邓小平——女儿心中的父亲》
中央文献出版社

更加显露无遗，并大大增加了原始力量和气势。

欣赏邓林的画，总让人忍不住想到她作为小平同志长女的特殊身份。我和夫人寿瑞莉特别欣赏邓林的一个观点。当有些"前卫"艺术家创作出丑化、讽刺共产党领导的作品时，邓林的话掷地有声。她说："艺术家的使命就是爱国。"艺术应该是正面的，积极向上的，在改革开放时期艺术家更应该肩负理想。

也许，视觉艺术是相通的。除了画家的身份之外，邓林还是摄影爱好者。她很早就学会了照相、洗相片，并且有意识地为小平同志拍了20多年照片。小平同志于1997年去世后，为缅怀父亲，邓林找出这些照片，经过精挑细选，选出120幅结集出版了《邓小平——女儿心中的父亲》摄影集（中央文献出版社）。1998年12月5日，她将这本摄影集签名赠送给我。在书中，邓林写道："这不是一部史诗，不是一代伟人的画传，也不是摄影家艺术技巧的展示。这只是女儿心中留下的对父亲永不磨灭的记忆，是女儿对父亲深深的思念。"

高莽：像热爱文学一样热爱绘画

《我画俄罗斯》
人民文学出版社
2006 年 11 月第一版

  2008 年 4 月 15 日，在曹靖华之子、我国原驻埃及武官曹彭龄将军的陪同下，我拜访了高莽。高莽住在"老虎洞"。北京朝阳区农光里附近原先有一个地方叫"老虎洞"，后因拆迁改造而消失。高莽就住在农光里，有一天，高莽在路上散步，捡回一块刻着"老虎洞"三字的旧路牌，于是，一条已经消失的北京街巷转移到了高莽家中，而高莽的家也就成了"老虎洞"。

  高莽对老虎情有独钟。走进高莽密密实实、摆满书籍和工艺品的家中，很容易看到各种各样的老虎装饰，尤其是橱窗里一

高莽在《我画俄罗斯》上签名盖章，并写道："送画书给将军，其乐无穷。"

群虎头虎脑的老虎布偶，虎视眈眈地注视着我们这些访客，看上去非常可爱。高莽为什么那么喜爱老虎？因为他出生于 1926 年，属虎。杨绛老人、书法家程与天等都曾为他题写"老虎洞"三字。

高莽是一位多才多艺的文艺家。在俄罗斯文学研究和翻译领域，他成就卓著。他以"乌兰汗"的笔名翻译了大量俄罗斯文学作品，感动了无数中国读者。但高莽过去从来不在译著上透露自己的真实姓名。许多喜欢俄罗斯文学的读者，当得知"乌兰汗"就是高莽时，都既感到惊讶，又感到惊喜，因为他们早就通过"乌兰汗"熟悉了高莽的文字。

翻译之余，高莽还是勤奋的文学创作者。他创作出版的随笔集接近 20 部，其中，研究俄罗斯文学及艺术的随笔集，与中国

2008 年 4 月 15 日，作者与高莽在"老虎洞"合影。高莽属虎，对老虎情有独钟，杨绛老人、书法家程与天等都曾为他题写"老虎洞"三字。

和世界上著名文学家交往的随笔集，都拥有广泛的读者。

在从事文学创作的同时，高莽还是活跃的画家。我们拜访他的时候，他将《我画俄罗斯》（人民文学出版社，2006 年 11 月第一版）赠送给我，并且写道：送画书给将军，其乐无穷。他在序言中说："《我画俄罗斯》是我从事创作的一个方面。主要反映的是我的绘画成就和所表现的对象。""我像爱文学一样热爱绘画。""我爱绘画，因为文学和文学翻译不能表达尽我的形象思维。我想用绘画补充我没有用文字说尽的话。""我又不想单纯地从事绘画，因为如果没有深厚的文化积淀只追求绘画技巧出新，又非我所喜好。""我从事文学，同时又从事绘画，它们之间有一定的互补作用。"

第一部分 中国绘画

高莽《普希金在长城上》。著名作家李瑛在画上题词写道："未了的心愿，已成历史的隐痛。至今，不朽的诗句仍在叩敲长城。有的如长风浩荡，有的似山草青青。"1999年6月4日，高莽在莫斯科将这幅《普希金在长城上》赠送给普希金国立纪念馆。纪念馆馆长在感谢信中写道："这幅作品由于高超的艺术水平和对普希金形象非常有意义的和不同寻常的处理，它将在我馆美术作品中占有重要地位。"

　　上面的引言，有助于我更好地理解高莽的绘画，即文学与绘画是高莽文艺工作的两翼，二者交融互补，他的绘画大都与他的文学研究有关，与他对俄罗斯的研究有关。他说："我画的对象主要是各国先进的知识分子，较多的是俄罗斯文学艺术界人士。"在《我画俄罗斯》中，就收录了高莽为19、20世纪，甚至21世纪初的上百位俄罗斯作家、俄罗斯对华友好人士、汉学家画的肖像或速写像。他曾经半开玩笑地对一位俄罗斯画家说："我画的俄苏作家肖像，可能比你们任何一位俄罗斯画家画的还多。"

　　高莽的画，处处都能显示出其浑厚的文学积淀。例如，他曾经画了一幅《普希金在长城上》。将普希金和长城联系在一起，

　　高莽《列夫·托尔斯泰像》(1990)。高莽的文学家肖像画有一
个共同特点：无论画中人物是中国人还是外国人，都采用传统的中
国水墨画技法。让不朽的世界文学巨匠以中国画的技法定格在宣纸
上，这是高莽的一个创举。1998年2月，俄罗斯作家协会主席加尼
切夫到高莽家中，向他颁发俄罗斯作家协会荣誉会员的会员证，看
到墙上的《列夫·托尔斯泰像》，大加赞赏，说："咱们作协应当有
这样一幅肖像。"高莽当即取下那幅画像赠送给他们。后来,高莽的《列
夫·托尔斯泰像》就挂在俄罗斯作协的会议室中。

是很难令人理解的，因为普希金根本没有到过中国，可能也不知道长城。但高莽知道，普希金生前曾经数次表示要到中国来，而且普希金的作品已经全部翻译成了中文，对中国现代文学的发展起到了重要的推动作用。高莽要用这幅画使普希金的愿望变成现实。画上，著名作家李瑛题词写道："未了的心愿，已成历史的隐痛。至今，不朽的诗句仍在叩敲长城。有的如长风浩荡，有的似山草青青。"1999 年 6 月 4 日，高莽在莫斯科将这幅《普希金在长城上》赠送给普希金国立纪念馆。为此，纪念馆馆长还专门写来感谢信："这幅作品由于高超的艺术水平和对普希金形象非常有意义的和不同寻常的处理，它将在我馆美术作品中占有重要地位。"

高莽的文学家肖像画有一个共同特点：无论画中人物是中国人还是外国人，都采用传统的中国水墨画技法。对于中国人物，这种手法顺理成章，但让不朽的世界文学巨匠以中国画的技法定格在宣纸上，这的确令人耳目一新。这也是高莽引人注目的一大创举。迄今，他用这个方法创作的普希金、托尔斯泰、高尔基、奥斯特洛夫斯基、歌德、巴尔扎克、易卜生、井上靖等人的肖像已被外国文学馆或纪念馆收藏，在世界范围内传播了中国画的神韵。

我在高莽家访问的时候，还了解到一件感人的事：原先，高莽习惯于油画创作，但 30 多年前，高莽的夫人开始对画油画时使用的挥发性的松节油过敏，于是高莽毅然放弃油画，改习国画。没想到，这一改，倒改出了一片中国画的新天地。

2006 年是中国和俄罗斯两国政府商定的在中国举办的"俄罗斯年"。那一年的 2 月，高莽在北京金台艺术馆举办了俄罗斯人物肖像画展。俄罗斯驻华大使拉佐夫观看画展，并代表俄罗斯美术研究院授予高莽名誉院士称号，颁发证书并穿戴了院士袍、院士帽。一位并不以绘画为主业，也不使用西方惯用油画技法的画家，能够得到这项荣誉，足以显示高莽俄罗斯文学与艺术的修养之深。

高莽对俄罗斯的研究还有许多独到之处。例如，2000年与2009年，他分别出版了两本关于俄罗斯墓园文化的书。2009年3月，我去俄罗斯访问，行李里面就装着他赠送给我的《墓碑天堂：向俄罗斯84位文学艺术大师谒拜絮语》。以这本书为向导，我在莫斯科和圣彼得堡分别参观了新圣母公墓和文人公墓，从另外一个特殊的角度更加深入地了解了俄罗斯。

我在高莽家拜访结束时，他拿出一个储钱罐，当然是老虎形象的，对我说："每一位客人，我都会请他为我写一句话，放进储钱罐。"我写好后，刚想念给他听。他笑着说："我先不听。我会在每年过生日时打开储钱罐，看看朋友们都写了什么。"这真是一个有趣味、有意义的活动。可以想象，每年生日，当他打开储钱罐，看到里面存储了整整一年的美好心愿，那时候，一年的美好记忆一定会重新浮现在他的眼前。

第一部分 中国绘画

沈威峰：竹石相依永坚贞

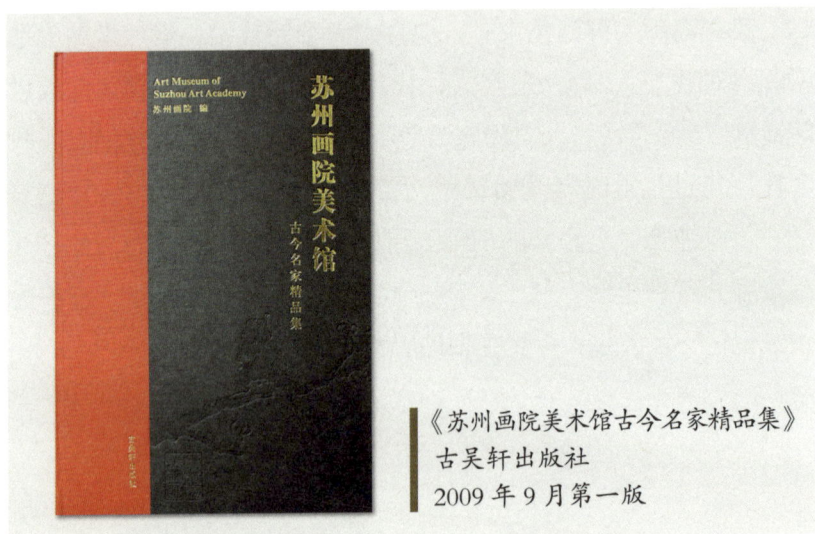

《苏州画院美术馆古今名家精品集》
古吴轩出版社
2009 年 9 月第一版

　　2009 年 10 月 12 日晚，我和夫人寿瑞莉应中国国际金融公司董事长李剑阁夫妇的邀请，到苏州画院院长沈威峰家里做客。

　　我们与李剑阁夫妇是多年的老朋友了。我们最初是在共同参与起草党的十五大报告时认识，后来，受到他的影响，我开始利用业余时间打网球。李剑阁曾经参加国务院部级领导同志的外文班，到澳大利亚学习。我到澳大利亚访问的时候，曾经与他们聚餐。他还曾作为一批部长级干部的领队，到美国哈佛大学进修。李剑阁的文笔很好，经常发表文章，对于一些经济领域的争议问

沈威峰在《苏州画院美术馆古今名家精品集》上的签名。

题，他观点鲜明，也比较客观。2006年底，我与李剑阁曾经同时受到邀请，到汕头大学讲课。他的课既有理论，又讲求实际，富于启发性。

李剑阁精通美食。他常说自己在美食方面，既有理论又有实践。但我们也常常开玩笑说，他是理论大于实践，理论多于实践。共进晚餐，自然要谈到许多美食话题，但到画家家里做客，主题却不是美食，而是欣赏艺术，观摩学习。

餐后，我们来到沈威峰的工作间，笔墨丹青，一应俱全。沈

晨韵

沈威峰为作者夫妇创作的《晨韵》，青竹青石聚集画中，表达竹石相依永坚贞的信念。

威峰说："我来一次现场作画吧。"说着，铺就宣纸，提笔蘸墨，很快地在纸上画起来。渐渐地，我们看出来，沈威峰画的是一丛茂密的竹子。我们常常看到纯粹水墨的竹子图，但沈威峰的竹子增加了许多绿与红的颜色，看起来像是彩色电视比较于黑白电视，视觉为之一新。在竹丛底部，他还画上了一些青石。他解释说，竹子柔和，石头坚硬，二者可以互相衬托。"这幅图就是竹石相依永坚贞，"他说，"象征着您和夫人的人生与人品。"

　　当晚，由于沈威峰为每位来宾都现场作画，所以分别的时候
这幅竹石图并没有完成。沈威峰留下来进一步加工。不久，他托
人把完成的作品送来，一打开，竹子青，石头青，满目清气，扑
面而来。这幅"竹石相依永坚贞"的图画被他命名为《晨韵》。
后来，我们将这幅图裱好，挂在一进门的墙上，客人来时，首先
感受到的，就是这幅画的清气。
　　那天晚餐期间，沈威峰将一本刚刚出版的《苏州画院美术馆

沈威峰为人民大会堂创作的《映日荷花别样红》。

古今名家精品集》（古吴轩出版社，2009 年 9 月第一版）签名赠送给我和夫人寿瑞莉。他告诉我们，再过几天，在苏州将举办苏州画院美术馆开馆仪式，并展览画册中收录的名家名作。他邀请我们莅临参观。我很遗憾地告诉他，届时我将作为团长，与几位中国人民解放军的老将军一起，到美国与参联会前副主席欧文斯率领的美国老将军代表团会谈。

虽然没有来得及到苏州赏画，但我们还是认真看了这本画册。苏州是中国江南文化的重要代表性城市。早在明朝中叶，以沈周为开宗大师，以文徵明、唐寅、仇英为重要代表人物，开创了影响深远的吴门画派。中国画历史上也将沈周、文徵明、唐寅、仇英并称吴门四家或明四家。由于经济发达，文化繁荣，几百年来，苏州一直在中国艺术史上扮演着重要角色。1927 年，我国的油画先驱颜文樑先生在苏州沧浪亭畔建成了苏州美术馆暨颜文樑纪念馆，成为中国有史以来第一个美术馆。而在苏州著名景区金鸡湖畔建成的苏州画院美术馆，就是继承和发扬苏州文化传统新的重镇。

沈威峰出生于 1965 年，在中国画坛属年轻新秀。他主攻写意花鸟画。在他的笔下，花鸟、树木大都新鲜灵动，生机盎然。由于坚持传统，又在笔墨上有所创新，所以他的画雅俗共赏，很容易打动人。启功先生曾经为沈威峰的画展题词：笔底心，纸上春，四时花鸟见精神；有传统，有创新，维扬画派见传人。

但沈威峰最具代表性的绘画主题还是荷花与竹子。他的巨幅作品《十里荷香》与《晨曲》，悬挂在上海东郊国宾馆，成为上海迎接宾朋的一道艺术风景。他曾经应国家审计署邀请，为亚洲审计大会创作《荷颂清风》。2003 年，他应邀为钓鱼台国宾馆创作《清塘荷韵》；2005 年，他又应邀为人民大会堂创作《映日荷花别样红》，为中组部部长会议室创作《荷之韵》。

对于沈威峰画的竹子，中国美术家协会主席刘大为曾在苏州电视台摄制的电视片《沈威峰花鸟画的笔墨之美》中评论说："竹叶里面的浓墨、重墨、淡墨、涩笔、虚实都有，这可都是变化，很有新意、有创新意识。"上海美术家协会副主席朱国荣评论说："譬如说画竹子，我觉得传统的喜欢画几枝，而他画则一大片，从根一直到上面，气派非常大，有些作品是全景式的。另外我觉得他的画水分用得特别好，每一幅画，水分用得非常滋润、非常透明，这是江南花鸟画的特点。"

这些评论，既有助于我们夫妇欣赏《晨韵》"竹石相依永坚贞"的画面之美，又知其中美的奥妙。

第一部分 中国绘画

藏书记事忆人 书画专辑

第二部分

中国书法

林散之：当代草圣 大器晚成

《林散之书法选集》
江苏古籍出版社
2002 年 5 月第一版

生当作人杰，死亦为鬼雄——这是人们心目中的项羽。传说，
兵败之际，项羽不肯过江东，自刎而死。他的乌骓马由于悲恸过
度，也死在江边，最终马鞍化成江边累累青山。后来，人们给这
块地方起名"马鞍山"。

2006 年 4 月 8 日，我在解放军南京国际关系学院有关同志的
陪同下，从南京驱车南下，访问距离南京数十公里外的马鞍山市。
我们此行的目的，不是为了寻访矫健的武夫西楚霸王，而是为了
探访诗仙李白。

位于马鞍山市西南 5 公里处的长江东岸，是历史上著名的采石矶。它突兀江中，绝壁临空，水流湍急，地势险要，自古即与燕子矶、城陵矶并称长江三矶。这里曾是宋军抗击金兵的古战场，发生过著名的"采石之战"。但采石矶之所以闻名于世更因为它与唐代大诗人李白的特殊因缘。传说李白晚年寓居于此，有一次在采石矶畔醉后捉月，竟踏浪仙逝而去。从此，采石矶就成了文人的圣地、诗人的圣地。白居易、王安石、苏东坡、陆游、文天祥等，均在此有所吟咏。今天，马鞍山市也自豪地自称"诗城"，围绕着诗歌举办过各种各样、丰富多彩的活动。

我们来到采石矶，登上太白楼，万里长江，宏伟壮阔，一览无余。李白纪念馆、李白墓园等，似乎处处都留下了诗人的足迹。参观了有关李白的景点之后，同行的人介绍说，这儿还有一位书法家的艺术馆，很值得一看。1991 年，时任中共中央总书记的江泽民同志来到马鞍山视察，参观李白纪念馆之后，也参观了这位书法家的艺术馆，还为艺术馆题了词。就这样，我来到了被人们誉为"当代草圣"的林散之老人的艺术馆。

林散之艺术馆的主体建筑粉墙红窗，以茅草为顶，主馆名曰"江上草堂"。陈列于此的林散之真迹约有百余幅，大多是草书珍品。我在参观中吃惊地发现，原来林散之虽有"当代草圣"之称，但他真正开始专攻草书，却是在 60 岁之后。

60 岁之后才习草，却能达到最高境界，这不可谓不神奇。但他能够达到如此成仙入圣的境界，却是源于他对书法其他诸体的充分认识与实践。赵朴初、启功等人称赞林散之是诗、书、画三绝，我认为，正是这三绝为他在草书上登峰造极的水平打下了坚实基础，所以他的草书能够"出入百家，扬长避短，糅碑入帖，以柔济刚，于迟重中见飞动，刚健中含婀娜"，使古老的草书艺术焕发了新的生机。他自己也称，"六十岁前，我游骋于法度之中。六十岁后稍稍有数，就不拘于法"。正是因为他能基于心中之法

林散之75岁时临汉隶《西狭颂》(局部),并自署:伏案惊心六十秋,未能名世竟残休,情犹不死手中笔,三指点钩尚苦求。此时的他只能以三指执笔,但也可见他的功力惊人。启功称赞林散之:"出入汉魏,放笔为草,纵横上下,无不如志。"

而游心万仞,方才成就他的草圣之名。

　　林散之艺术馆中最引人注目的艺术精品是林散之1988年为峨眉山重修金顶写下的"金顶"二字。据说,当年林散之共写了两幅"金顶",一幅赠与峨眉山,另一幅就成了林散之纪念馆的镇馆之宝。面对这两个古朴醒目的草书大字,导游解释说,这两个字融合了楷书、隶书、行书的笔法,体现出中国书法传统中"墨分五色",即焦、浓、重、淡、清的至高境界。江泽民同志当年参观至此,盛赞林散之的艺术"登峰造极、炉火纯青"并题字留念。

盖在《林散之书法选集》上的林散之印，白文，尺寸：4.2cm×4.2cm。

　　林散之是安徽人，他一向钦慕李白的诗名，留恋马鞍山采石矶的文脉，早就有了"归宿之期愿与李白为邻"的愿望。他去世以后建成的林散之艺术馆，果真成就了"大江绕绝壁，草圣伴诗仙"的佳话。

　　这次参观，使我对草书有了新的认识。后来，我常有机会到南京出差，总是想起马鞍山之行的收获。2010年5月27日，我到南京，为第二届"黄埔情·中评杯"海峡两岸退役将军高尔夫球邀请赛颁奖，其间去了解放军南京国际关系学院。我问学院领导能否请人帮忙买一本林散之的书法作品并钤章纪念，他们答应试试。

　　一个多月之后，南京国际关系学院托人带给我一本《林散之书法选集》（江苏古籍出版社，2002年5月第一版），扉页上盖着

　　林散之草书"人间无限生机在，草绿池塘花满谿"，署名"聋叟"。
这两句诗选自林散之《笔法·自作诗》，诗中既讲了草书笔法的辩
证法，更反映了书写者积极乐观、饱满而激昂的精神状态。全诗如下：

　　　　笔法沾沾失所稽，不妨带水更拖泥。
　　　　锥沙自识力中力，灰线尤宜齐不齐。
　　　　丝老春蚕思帝女，情空秋月悟天倪。
　　　　人间无限生机在，草绿池塘花满谿。

晚年的林散之不幸被烫伤右手，仅能以拇指、食指和中指执笔，但正是这样的"半残老人"，攀上了草书艺术的巅峰。

朱红的"林散之印"。这是一本宣纸印刷的线装书，收有林散之十余件行、草、小楷的遗墨精品，以及老人晚年所临《淳化阁贴》、汉隶《西狭颂》的一部分，是为了纪念林散之诞辰百年专门印制的。据国际关系学院的同志介绍，为了得到这本盖章书，他们数次前往南京江浦的林散之纪念馆，以诚心说服打动了馆长，才得到馆藏印章中的一枚钤盖纪念。

今天的评论家都称林散之是典型的大器晚成的艺术家。我认为，他的大器晚成，还有一个重要原因，就是饱经沧桑，历尽挫折，仍然坚韧不拔，向着艺术的至善至美的高峰跋涉。因此他的艺术成就也愈显珍贵，包含极大的精神力量。林散之虽然自幼习艺，但少年丧父，生活艰难，又经历了中国 20 世纪上半叶的大动荡，而他仍然矢志不渝，不屈不挠。1966 年，由于夫人病逝，林散之在悲恸中双耳失聪，从此号称"聋叟"。"文革"期间，林散之孤身一人来往于在南京、扬州、乌江等地居住的儿女之间，经历了七年漂泊。1970 年他又在洗澡时不慎跌入开水池，不但严重烫伤，更重要的是右手五指粘并，经多方抢救才使拇指、食指和中指勉强执笔，从此又自号"半残老人"。

但正是在这样的多灾多难的老病之中，林散之攀上了草书艺术的顶峰。1972 年，为庆祝中日邦交正常化，《人民中国》日文版组织了中国现代书法作品评选，林散之的草书得到权威人士的高度评价，蜚声京华。次年元月，他的作品又在日本引起巨大反响，从此名扬海外。此时他已 75 岁。林散之曾经在《笔法·自作诗》中写道："丝老春蚕思帝女，情空秋月悟天倪。人间无限生机在，草绿池塘花满谿。"我想，这也正是我们今天推崇他的草书艺术和豁达人生的价值所在，即虽然饱经挫折坎坷，虽然年届古稀，但仍然积极乐观，满眼草绿花红，生机无限。

启功：书法界的一座高山

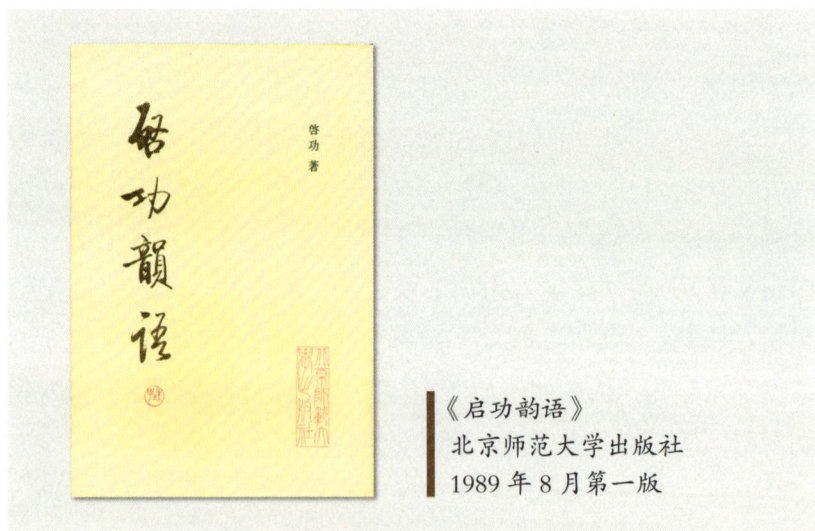

《启功韵语》
北京师范大学出版社
1989 年 8 月第一版

　　在中国书法史上，启功是一座无论如何无法绕开的高山。他独创的启功体楷书、行书，刚正、挺拔、险峻，达到了艺术与实用的完美统一，不但得到书法专家的高度评价，而且被广大书法爱好者甚至普通平民百姓认可与喜爱。虽然启功的成就并不限于书法，但普通人提起启功，第一时间想到的肯定是书法。启功的生平经历也汇入中国书法史的洪流中。1972 年，林散之以 75 岁高龄名动京华，当时参与评价并给予高度认可的公认的书法权威，就包括启功。今天的书法界中坚人物、全国政协常委苏士澍，就

光楷同志指正

启功　一九九五·二·四

启功 1995 年 2 月 4 日在《启功韵语》上的题签。

曾师从启功 30 余年，受益匪浅。可以说，启功的个人历史，也是书法繁荣史的重要篇章。

　　启功一生留下许多书法作品，但我收藏的第一部启功著作却不是书法集，而是诗集《启功韵语》。这是总参的老将军李永悌帮我搜集的。李永悌是一位出生于 1916 年的老红军、老革命，也是一位书法家。他与启功交往多年，书法风格清秀挺拔，受到启功很大影响。李永悌与他的夫人吕东秀都是书画艺术的爱好者与行家，启功曾经称赞李永悌夫妇"两世勋名郭仆射，一家书画

第二部分 中国书法

167

昔日孩提，如今老大，年年摄影墙头挂。看来究竟我为谁，千差万别比惊诧。

貌自多般，像惟一霎，故吾从此全抛下。开门撒手逐风飞，由人顶礼由人骂。

踏莎行 自题小照

一九八四年十一月十八日书 启功

这是启功的行书作品，刊登于《启功韵语》前页。谈到楷书与行书的关系，启功曾说："行书宜当楷书写，其位置聚散始不失度。楷书宜当行书写，其点画顾盼始不呆板。"启功体书法以楷书与行书传世，其中的辩证关系，值得我们认真体会。

李将军"。当李永悌知道我的收藏爱好后，就于1995年2月4日，请启功将一本《启功韵语》签赠给我。

作为一部诗集，《启功韵语》（北京师范大学出版社，1989年8月第一版）虽然只有薄薄的130页，但却是启功"从十几岁学作仄仄平平的句子开始，直到今年（指1988年），这许多岁月中部分语言的记录"。启功诗名素著，但直到1988年，他已经76岁高龄了，才出版诗集。启功的谦虚可见一斑，而启功更开玩笑似的说，他的诗歌是"合辙押韵"的"胡说"，因为他是满族人，在古代属于广义的"胡人"，"胡人后裔所说，当然不愧为胡说"。

我很认同启功对诗韵的解释。他说，"韵"字在古代可解释为"均"，就是"均匀"的意思，是声调均匀、韵类均匀。因此，写诗的韵，不一定需要严格限定在各种韵书规定的框框里，只要符合"合辙押韵"的辙和韵，也就是念着顺口、听得顺耳即可。

启功的诗歌，就属此类。他说，他的诗歌，"绝大部分是论诗、题画、失眠、害病之作"。"论诗、题画"原本应是他的本行，而"失眠、害病"也能入诗，就应该算是启功的特色了。《启功韵语》中收有许多失眠、害病之作，大都读起来朗朗上口，别有滋味。如《千秋岁·就医》写道：

天旋地转，这次真完蛋。毛孔内，滋凉汗。倒翻肠与肚，坐卧周身颤。头至脚，细胞个个相交战。

往日从头算，成事无一件。六十岁，空吃饭。只余酸气在，好句沉吟遍。清平调，莫非八宝山头见。

这种诗词，的确念着顺口、听得顺耳，而且也如启功自称的那样，常常"杂以嘲戏"。这反映出启功的睿智、豁达、通透。

在《启功韵语》中，我特别欣赏启功记述妻子从病重到不治的《痛心篇二十首》。启功的妻子名叫章宝琛，年长启功两岁，所以启功终身称之为姐。启功少年家贫，父亲去世早，母亲抚育孤儿，备尝艰辛。启功结婚后，得到妻子很好的照料，母亲大感

第二部分 中国书法

《启功书法作品选》
北京师范大学出版社
1985 年 4 月第一版

欣慰，高兴地把她当成自己的亲生女儿。而启功夫妇"相依四十年，半贫半多病。虽然两个人，只有一条命"。妻子的照料，以及对他的事业的支持，启功历历在目："我饭美且精，你衣缝又补。我剩钱买书，你甘心吃苦。"最重要的是，妻子对他体贴备至，使启功认为："今日你先死，此事坏亦好。免得我死时，把你急坏了。"

启功的妻子 1971 年重病，幸而治愈。1974 年冬再次得病，于 1975 年年初不治身亡。在《痛心篇二十首》中，启功将妻子的原话用诗歌的方式记录下来，感人肺腑。

妇病已经难保，气弱如丝微裹。

执我手腕低言："把你折腾瘦了。"

"把你折腾瘦了，看你实在可怜。

快去好好休息，又愿在我身边。"

启功求
教

光楷先生惠存

此册係北师大出版的启功先生的第一部书法作品集，先生仙世，赠书印为章景怀先生补铃 侯刚

2010 年秋，启功内侄章景怀为作者在《启功书法作品选》一书上加盖"启功求教"四字，并补盖"启功"、"元白"两方印章。

《启功全集》编委会主任侯刚在《启功书法作品集》扉页题记：

光楷先生惠存

此册系北师大出版的启功先生的第一部书法作品集，先生仙逝，赠书印为章景怀先生补铃。

侯刚

启功与妻子感情深厚，在妻子病逝之后，许多人劝启功再娶个老伴，但都被他婉言谢绝。在妻子去世后的 30 年里，无儿无女的启功由内侄章景怀一家照料。2005 年 6 月 30 日，93 岁的启功在京去世。一年之后，启功的骨灰安葬在北京万安公墓，一起下葬的还有启功妻子的一些日常用品。因为他的妻子死后，没有骨灰保留，如此合葬，也算了偿了启功在《痛心篇二十首》中"未知我骨成灰，能否共斯抔土"的心愿。

2009 年春，我曾应北京市原副市长胡昭广之邀，到颐和园昆明湖中的藻鉴堂，为北京市老干部讲中国的国际战略。恰巧《启功韵语》中也有 12 首吟咏藻鉴堂的诗歌，其中最后一首写道：一碧长天岂有涯，只身随处尽吾家。危栏下是西郊路，八宝山头共晚霞。原来，孤身只影的启功望着碧水长天，又想起了妻子在八宝山的墓地。启功的这首诗写于 1979 年，距离妻子去世已经 5 年，而且颐和园与八宝山实际上距离甚远，启功以这首诗作为组诗的结尾，也反映出他对妻子念念不忘的深情，以及死能同穴的夙愿。

在我写作《书画专辑》的过程中，收藏家张忠义先生听说我的收藏中没有启功的签名书法集，就很热心地找到《启功全集》编委会主任侯刚。侯刚已年近八旬，曾伴随启功几十年，是北京师范大学办公室原主任。侯刚找到了一本 1985 年出版的启功第一本书法作品选，并请启功内侄章景怀加盖了两方启功常用印章。侯刚在《启功书法作品选》扉页上的题记说明，显示出他本人深厚的书法功底。

1985 年出版的《启功书法作品选》是启功的第一本书法集，1989 年出版的《启功韵语》是启功的第一本诗集，有了这两件藏品，我的收藏更加丰富和珍贵了。

欧阳中石："独一无二"的教书匠

《欧阳中石楷书朱子家训》
中国线装书局
1994 年 6 月第一版

　　2008 年初，我的第一本《藏书 · 记事 · 忆人》问世。通过教育部朋友的帮助，欧阳中石为我的新书题写了"开卷有益"四字。2009 年金秋，我的第二本《藏书 · 记事 · 忆人：印章专辑》出版，在北京金台艺术馆举行了首发式及展览，一同参展的还有张忠义先生的信札收藏。首发式那天，我将一本《欧阳中石楷书朱子家训》交给张忠义。我对他说："我的下一本书准备写一写书画，是否可以请欧阳先生给我签个字？"张忠义是中国收藏家协会副秘书长、书画收藏委员会常务主任、中国书画艺术鉴

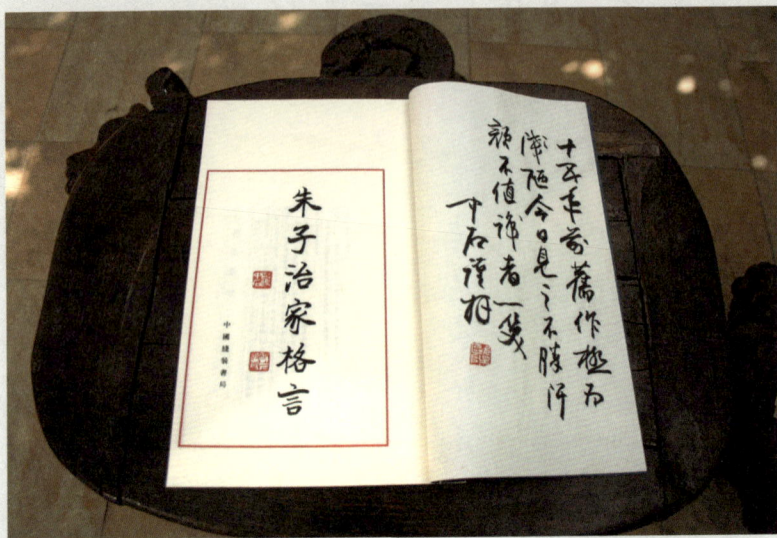

欧阳中石在《欧阳中石楷书朱子家训》上的题签。

定研究中心学术委员，和许多艺术家、鉴定家关系融洽，与欧阳中石也是亦师亦友。张忠义爽快地答应了。

2009年12月31日，在公历新年来临之际，张忠义偕女儿张瑾来到我的住处，带来一批我托他签名的书法绘画图册，其中就有欧阳中石的签名书法集。张忠义说："欧阳先生早就签好给我了，我亲自上门请他签的，但因为实在太忙，一直没有抽出时间送来。这不，新年快到了，今年的事无论如何不能拖过今年，所以给您送来，并祝新年好！"

打开这本书，我很意外地看到，扉页对面的空白页上，不但留下了欧阳中石的签名盖章，他还用行书专门写了一句话：

十五年前旧作，极为浅陋，今日见之，不胜汗颜，不值识者一笑。

中石谨拜

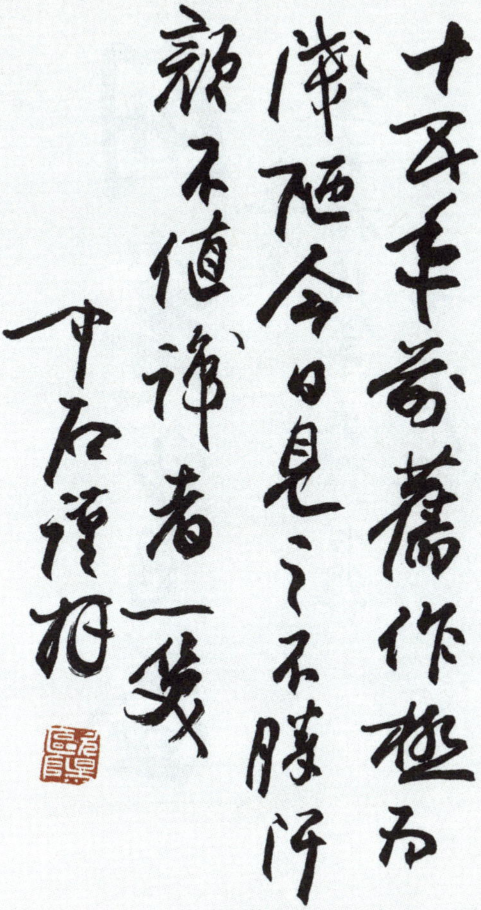

十五年前旧作，极为浅陋，今日见之，不胜汗颜，不值识者一笑。

中石谨拜

欧阳中石在《欧阳中石楷书朱子家训》题签写道：

十五年前旧作，极为浅陋，今日见之，不胜汗颜，不值识者一笑。

中石谨拜

开卷有益

益贺

延光楷将军大作付梓

中石拜

2008 年初，作者第一本《藏书·记事·忆人》问世，欧阳中石曾题署"开卷有益"。欧阳中石一贯强调，汉文字的书写应强调四句话：作字行文，文以载道，以书焕彩，赋以生机。即书法写的是字，但表达的是文，可以通过作字行文，把道显现出来，用书写的方法，使这个字焕发出神采，赋予它勃勃生机。这个勃勃生机，就是书法的生命力。

这是典型的欧阳中石的行书，灵动矫捷，顾盼生姿，笔意纵横，既为这本楷书字帖增色添彩，也反映了欧阳中石的谦虚自省。

欧阳中石是一位全面的、集大成的专家学者。以他的书法为例，他曾自谦"染指诸家而浅尝辄止"。实际上，他的书法涉猎广泛，荟萃精华，他以东晋书风为宗，博采周金汉石、碑刻法帖之长，在诸体兼备的基础上，汇通于行草，从而形成飘逸沉稳、刚健温润、灵动厚重的独特艺术风格。

虽然书法上的成就如此巨大，但他总是习惯自称"教书匠"。于是，人们常常把"书法家"与"教书匠"的头衔合二为一，称他"书法教育家"。他所任教的首都师范大学最早在高等学府设立书法专业，又很早就开始培养书法硕士，在全国率先培养书法博士，再后来成为书法博士后的培养机构，这都离不开欧阳中石的功劳，因此，称他"书法教育家"，完全符合事实。

但"书法教育家"的头衔远不能概括他的"教书匠"事业。他曾在接受中央电视台采访时说，他教过的书"从小学一年级到学士、硕士、博士、博士后全过程，全走过了一遍"。放在全国范围内，这样的教育资历恐怕也是独一无二的了。而他所教科目，除了书法之外，还有语文、历史、美术、逻辑、哲学，甚至包括数学、化学和体育，堪称无所不包。

除了书法与教育外，欧阳中石还以饰演京剧老生著称。有记者走进欧阳中石的书房，发现书房里竟没有悬挂自己的书法作品，而是摆着他身穿戏服登台演出的照片。欧阳中石是京剧"四大须生"之一奚啸伯的嫡传弟子。他9岁登台演戏，对奚派情有独钟。上中学的时候，有一次，他到同学家玩耍，随口唱了几句奚派名剧《白帝城》，没想到铿锵的歌声把一位长者吸引进来，并且发出一连串的问话："你唱的是谁的戏？""还会唱其他的吗？"……原来这位长者正是奚啸伯。这个极富传奇色彩的巧遇，使欧阳中石成为奚啸伯的入室弟子。

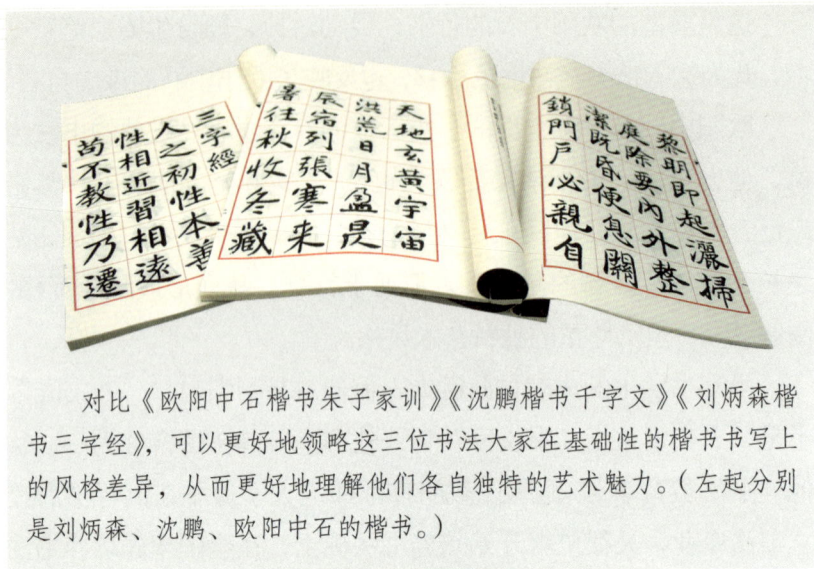

对比《欧阳中石楷书朱子家训》《沈鹏楷书千字文》《刘炳森楷书三字经》，可以更好地领略这三位书法大家在基础性的楷书书写上的风格差异，从而更好地理解他们各自独特的艺术魅力。（左起分别是刘炳森、沈鹏、欧阳中石的楷书。）

与这样一位全面的、集大成的专家学者形成强烈反差的，是欧阳中石的谦虚谨慎。他曾用四句话概括他的人生：少无大志、见异思迁、不务正业、无家可归。但少无大志，他却能成名成家、成就非凡；见异思迁，他却能百花齐放、春色满园；不务正业，他却能功业圆满、艺海扬帆；无家可归，他却最终艺坛梨园处处是家。他的谦虚与他的成就虽然反差很大，但我想，二者其实也是相辅相成的。

签名本《欧阳中石楷书朱子家训》（中国线装书局，1994 年 6 月第一版），是《当代名家楷书谱》之一。另外两册分别是沈鹏楷书千字文、刘炳森楷书三字经。这套书的珍贵之处在于，无论欧阳中石，还是沈鹏、刘炳森，我们惯常见到他们的墨迹，都不是楷书。常见的欧阳中石、沈鹏的书法是行草，常见的刘炳森书法是隶书。但无论行草还是隶书，都是以平直稳重的楷书为基础的。欧阳中石、沈鹏、刘炳森的楷书，既可以成为书法爱好者临习的墨宝，又可以使我们通过欣赏比对他们三位书法大家在基础性的楷书书写上的风格差异，更好地理解他们各自独特的艺术魅力。

沈鹏：万画归一　怊怅切情

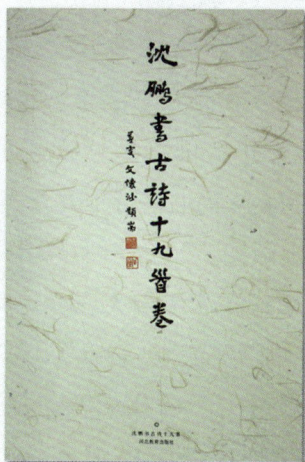

《沈鹏书古诗十九首卷》
河北教育出版社
2005 年 2 月第一版

郁钧剑是我和夫人寿瑞莉的老朋友，他拜沈鹏为师学习书法。在送给我的散文集《不如不见》中，郁钧剑记载了他和沈鹏交往的一段趣事：

他与沈鹏认识后，受邀到沈鹏的"介居"一聚。有来无往非礼也，郁钧剑提出回请一次。商议时，沈鹏说，自费吃饭，以节约为好，不要追求高档。郁钧剑尊重沈鹏的意见，但觉得如果选择太低档次的餐馆，又缺少了点"情调"，于是报出一些中档的餐馆。沈鹏选中了北京的"大阪徐园"，说这块牌子响。恰好郁

光楷将军正之
二零一零年沈鹏

钧剑在日本真正的大阪徐园吃过，觉得不错，因此十分赞同。

然而，请客那天，沈鹏和郁钧剑从走进大阪徐园的那一刻起，就不得不无奈地不断重温"名不符实"的成语。要盘汾蹄，却不上配料，要碗玉米羹，却没有放盐。郁钧剑自觉狼狈尴尬，反而沈鹏不停地安慰他："就当吃个名气，就当吃个名气。"

因为知道这层关系，我就托郁钧剑向沈鹏索要签名书法集。2010 年 4 月 24 日下午，郁钧剑让人送来了一本签名的《沈鹏书古诗十九首卷》（河北教育出版社，2005 年 2 月第一版）。

沈鹏是江苏江阴人。冯其庸曾在《题沈鹏书"江阴颂"诗帖》中说："江阴可颂者有三：一曰大江浩荡，清流扬波，势扼天险，地拥良畴，可工可商，举国首富，得气之先，得地之利，此可颂者一也。二曰江阴民性强毅，铁骨铮铮，不降其志，不屈其节，大义凛然，青史烈烈，迄于抗战，浩气贯日，此可颂者二也。三曰江阴素称人文之邦。在明有地理学家徐霞客，在清有大词人蒋鹿潭，在晚清有大学问家大藏书家缪荃孙，在民初有刘半农三兄弟；书法于唐则有怀素草书碑，于今则有全国书协主席沈鹏，后先辉

沈鹏书古诗十九首之九

庭中有奇树，绿叶发华滋。
攀条折其荣，将以遗所思。
馨香盈怀袖，路远莫致之。
此物何足贵，但感别经时。

    沈鹏在《传统与"一画"》一文中，对"一波三折"作了卓越的阐释。他指出，"一波三折"日常指事情发生中的曲折阻碍多端，但这一成语最早却源于评论书法，见于王羲之《题卫夫人笔阵图后》"每作一波常三过折笔"。在书法创作中，"一波三折"的精萃，扩大到"波"笔以外。从一字、一行扩展到宏大的篇章，都贯穿着"一波三折"的原理，大的波折中潜伏着小的波折，小的波折相互呼应，又汇集到大的波折之中。"一波三折"，由一点画到一字，一行，一篇章，都体现为一个封闭世界内部的循环往复，造成活泼的生命。

憂思我書十九首圭寸
不共時上下二千載墨
蹟和淚垂何以慰遊子
報與明月知

　　沈鹏写完古诗十九首，意犹未尽，自己又写了一首五言诗抒发胸怀。其中写道：

　　　　　　我书十九首，生年不共时。
　　　　　　上下二千载，墨迹和泪垂。
　　　　　　何以慰游子，报与明月知。

　　这首诗反映出沈鹏借助书法的笔墨"婉转附物，怊怅切情"，表达出"一种若有所失、若有所求"的情感。通过笔墨，传达复杂的感情。这种艺术功力，非大家莫能。如果说，书法有三种境界：手写、脑写、心写，那么，沈鹏的长卷，"墨迹和泪垂"，是心写之作。

映；且唐宋以来名人多所题咏，此可颂者三也。"无疑，沈鹏的书法艺术与故乡的山川民性有很好的契合，不但他的书写风格飘逸洒脱，平时也对飘逸洒脱的书写内容有所偏爱。古诗十九首就因其"情真意切、朴茂无华"，素为沈鹏喜爱。他蓄意已久，终于以书法长卷的形式把这十九首古诗写成，自己也颇为安慰，在附诗中，沈鹏说，"我书十九首，生年不共时。上下二千载，墨迹和泪垂。何以慰游子，报与明月知"。

《沈鹏书古诗十九首》以折页的方式，将沈鹏的书法长卷一气贯通，既可以逐页评赏，也可以展开来一览全貌。在该书的跋中，故宫博物院副院长暨紫禁城出版社社长王亚民借用《文心雕龙》"观其结体散文，直而不野，婉转附物，怊怅切情"的说法，认为沈鹏的笔墨间传达出"怊怅切情"的感觉，"那是一种若有所失、若有所求，却又难以明白表达出来的感情"。能够运用笔墨传达复杂的感情，这是只有大艺术家才有的艺术功力。王亚明认为，书法有三种境界：一是手写，二是脑写，三是心写，而沈鹏的长卷，"乃心写之作"。

在这幅长卷中，沈鹏根据古诗的内容，或行书，或草书，或楷书，或行楷相间，但又形成完整的整体，反映出沈鹏艺术风格的统一性与多样性。我在欣赏这幅长卷时感到，无论是行书、楷书，还是行楷相间，都有一种趋向草书的气势，仿佛有一个草书的灵魂盘根错节在沈鹏的行书与楷书之中，跃跃欲试地想振翅高飞。而草书，也的确是沈鹏作品中最受书家称道的书体。

沈鹏是全国政协委员。2007年两会期间，会务组编选了《名家书画》向全国人大代表和政协委员赠阅，开篇就是沈鹏论述草书的语录15则，很受人大代表和政协委员认可和欢迎。其中，沈鹏强调草书的运动感，他引古人的话说，楷书如立，行书如走，草书如奔；如果把草书比为文学中的诗歌，那么张旭、怀素就是诗歌中的屈原、李白，达到了浪漫主义的高峰；发展到今天，草书的审美价值远远超越了其实用价值，书法家从事的创作活动，已非一般意义上的"写字"，而是"艺术创造"；不能说草书已经达到顶峰，无可前进了；写狂草不容易，但要有人敢于涉足，尤其是中青年书法家，要解放思想（引用沈鹏原意，具体词句因篇幅所限有所调整）。这些观点，对我理解草书、欣赏草书，都有很大启发。

沈鹏有一篇著名的文章《传统与"一画"》，发表于《中国书法》2003年第六期上。在这篇文章中，沈鹏借用明末清初著名画家石涛"一画者，众有之本，万象之根"的观点，指出"一画"是线；比之绘画，书法中的线条具有纯粹抽象、独立的性质；所有的字都离不开线条；线贯穿于全部书写之中，由一画、二画、三画以至万画；线在运动中发展、丰富，实现完美的篇章；要深入到线条的本质，再去体会线条的一画扩充到万画的丰富多样性，我们会惊奇地发现线条的多样丰富性不但在"万画"，恰好就在"一画"之内。

品读了沈鹏的书法理论，再去欣赏沈鹏的书法艺术，我发现，整个古诗十九首长卷的酣畅淋漓、一气呵成，实际上也是从"一画"幻成"万画"又"万画归一"的辩证过程，是笔墨线条的卓越而空灵的舞蹈。

刘炳森："刘氏隶书" 广泛流传

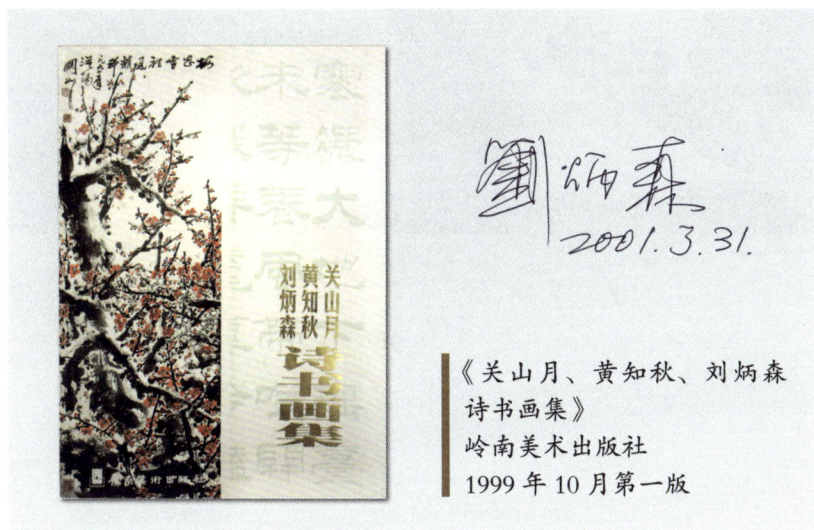

《关山月、黄知秋、刘炳森
诗书画集》
岭南美术出版社
1999 年 10 月第一版

　　"我家祖孙三代，都是教书的。"我于 2005 年底从军队现职领导岗位退下来以后，常受邀请到一些高等院校讲课，讲课期间，我常常这样说。事实也是如此，我的祖父熊葆荪曾任上海商学院教授，父亲熊大惠曾任上海交通大学和北京外贸学院教授，哥哥熊光楞是清华大学教授，我也陆陆续续地被十多个院校聘为名誉教授或兼职教授，在解放军国际关系学院担任博士生导师。

　　我为教授的身份而自豪，正如我为将军的军衔自豪一样，因为我的家族是一个尊师重教的大家族，我的祖籍——江西南昌冈

2004年，作者及夫人寿瑞莉同返"教授村"，在刘炳森题词的石碑前合影。

上镇月池村是一个名副其实的"教授村"。据记载，截至2003年，月池熊氏自清朝中叶以来，总共1780位子孙中，具有大专以上学历的达605人，占总人数的34%，而我国直到实施现代教育之后才有大专之类的学历，因此，总体上说，熊氏子孙的受教育程度是相当高的，其中教授或相当于教授的有300多人。由于这个原因，经有关部门批准，月池村已经被当做"教授村"进行文化旅游开发。

我没有出生在江西，我出生时，父亲正在上海教书。直到现在，我也只在抗日战争期间，以及2004年两次回过江西老家。

因此，我虽然为自己身为教授村的一员而自豪，但并没有为教授村作过什么贡献。要说我为家乡所做的事，恐怕就是人们走进月池村时看到的"教授村"石刻大字了。那是我请著名书法家刘炳森专门题写的。

2005年2月15日，刘炳森去世，享年68岁。当时人们普遍感到遗憾，认为他是英年早逝。因为就书法家而言，68岁还是个年富力强的年龄。要知道，林散之在60多岁的时候还籍籍无名呢。刘炳森去世时，名气如日中天。中国艺术报社社长张虎在文章中写到一个故事：刘炳森驾驶汽车在东单路口不小心违章，交警要扣刘炳森的驾驶执照，坐在车上的张虎情急之下，指着东单路口的"银街"二字对交警说："这是中国书协副主席、著名书法家刘炳森，你看，'银街'这两个字就是他写的，咱北京用的'户口簿'三个字也是他写的。"交警打量了他们一下，又与同事商量后，竟给他们放了行，并说早就听说刘炳森了。由此可见刘炳森的名气之大。

刘炳森的名气，与他的书法艺术受到宾馆、饭店、企事业单位广泛青睐，频繁获邀题写匾额有一定关系。单从北京讲，著名的就有"萃华楼""新侨餐厅""北京市百货大楼"等。1979年，他为上海新华字模厂书写了"现代汉字隶书"的字模范本，共收入7826个常用汉字。今天我们电脑里的隶书字体，用的就是这套字模范本。这使刘炳森的书法艺术更加普及，应用更加广泛。刘炳森的简历中就说，他的书法出版物总发行量达到200多万册。后来人们也习惯地将他的隶书称为"刘氏隶书"。

"刘氏隶书"的特点是运笔坚实，章法严明，结构工整，疏密有致。欧阳中石曾经评价道，"规矩俨然而又清灵飞动，既有古源宗法，又有灵犀独慧"。刘炳森写的"教授村"三字，就是典型的"刘氏隶书"。

我收藏的刘炳森签名书是《关山月、黄知秋、刘炳森诗书画

第二部分 中国书法

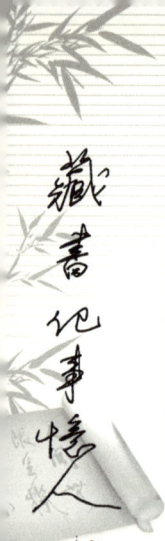

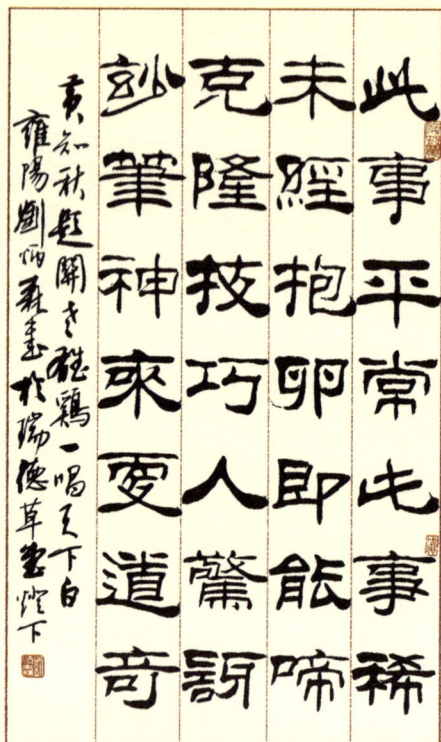

《关山月、黄知秋、刘炳森诗书画集》中的刘炳森书法墨迹：

此事平常此事稀，
未经抱卵即能啼。
克隆技巧人惊讶，
妙笔神来爱道奇。

黄知秋题关老雄鸡一唱天下白
雍阳刘炳森书于瑞德草堂灯下

"刘氏隶书"的特点是，运笔坚实，章法严明，结构工整，疏密有致。欧阳中石曾经评价道，"规矩俨然而又清灵飞动，既有古源宗法，又有灵犀独慧"。

集》（岭南美术出版社，1999年10月第一版）。2001年3月31日，国防部外事办公室举办书画笔会，刘炳森受邀出席并将这本书签赠给我。这本书是黄知秋根据关山月的画作诗，再由刘炳森写出，是诗、书、画的合集，启功曾经题词称赞这本书"新声古韵、画友书魂"。其中，刘炳森的书法是清一色的"刘氏隶书"，看起来赏心悦目。

刘炳森曾经出版散文集《紫垣秋草》，其中有一篇谈到他的故乡。文中说，他出生在上海，很小就随家人住在北京，后因父亲去世，又随母迁居河北武清，20世纪70年代初，武清被划入天津，因此，上海、北京、河北、天津都成了他的老家。我祖籍江西，出生在上海，抗战时随家人逃难到四川重庆，学会了比较地道的重庆话，后来重庆也被改成直辖市，因此，江西、上海、四川、重庆都能牵动我的乡思，这一点，就与刘炳森有相似之处。

第二部分 中国书法

189

李铎：为我书写座右铭

《李铎书〈孙子兵法〉碑拓全集》
解放军出版社
1997 年 7 月第一版

　　在北京的军事博物馆东侧院内，有一个解放军老干部俱乐部。从 2010 年开始，每隔一段时间，这里就举办"将星闪烁大舞台"演出活动，上演一些知名的京剧选段，邀请已经退出军队现职领导岗位的老将军观看。

　　从首场演出开始，我就是这项演出活动的热情观众，只要有时间，就会和夫人寿瑞莉一同出席观赏。在这里，不仅可以欣赏优秀的京剧演出，还能见到一些老战友、老朋友。著名的军旅书法家李铎，就是我和夫人在这里经常见到的一位老朋友。

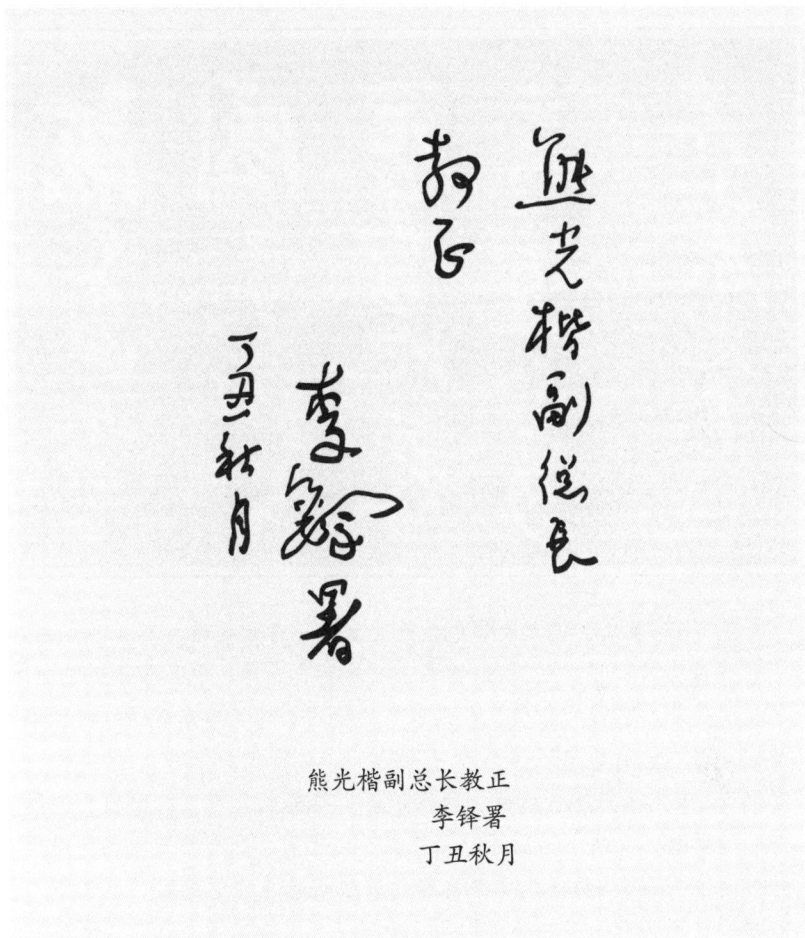

熊光楷副总长教正

李铎署

丁丑秋月

我的家里挂着一副李铎书写的对联，内容是鲁迅的诗句：

心事浩茫连广宇

于无声处听惊雷

那是 1988 年，我的一位喜欢书法的朋友刘子奎，为了鼓励我努力工作，专门请李铎为我写的。这副对联交给我以后，被卷起来放了 20 多年。退下来以后，我把这副对联找出来。原先白皙的宣纸已经泛黄，但我觉得更加厚重了。我想，我长期从事军事外交工作，即使退出了领导岗位，但作为一名老党员、老兵，我仍

孙子曰：兵者，国之大事也，死生之地，存亡之道，不可不察也。

李铎书《孙子兵法》，是将书法长卷勒石成碑。中国书画历史上，早在汉代就有卷装的雏形。古代著名的绘画长卷包括东晋顾恺之《洛神赋卷》、唐代吴道子《八十七神仙卷》、五代顾闳中《韩熙载夜宴图》、宋代张择端《清明上河图》等。绘画长卷可以打破绘画的静态时间界限，反映出画面的时间特性。古代著名的书法长卷包括唐代孙过庭《书谱》、明代王铎手卷等。书法长卷在构思酝酿、章法布局等方面均不同于一般的书法作品，处理不好就会松散懈气，或者拥塞沉闷，或者前后不协调缺乏连贯，因此创作出成功的书法长卷是对书法家的一大挑战。

然应该关心国家大事、天下大事，还要"心事浩茫连广宇"；同时，因为已经不在现职了，所以我是"于无声处听惊雷"，不在其位而心系天下，密切跟踪国际形势的风云变幻，热切关注我国改革开放取得的新的辉煌成就。由于这副对联特别适合我现在的生活状况，我就把它们挂到书房，作为座右铭，用以自勉。

虽然我和李铎同在军旅，这些年又不时见面，但我从来没有直接请他为我个人写过字，倒是有一次别人托我向他讨字，我把话传过去，李铎很爽快地答应并且很快就写好了。

李铎的书法，以行草最富特色，他常以魏碑、隶书笔意入行入草，古拙沉雄，遒劲奔放，气势恢弘，独树一帜。作为一名毕身从戎的军人，李铎非常钟爱《孙子兵法》。早在20世纪90年代初，他就出版过《李铎书〈孙子兵法新校〉字帖》。后来，河南洛阳一座碑林的同志提出，要将李铎写的《孙子兵法》刻成长碑。4年时间内，几经商议，李铎不仅支持此议，而且决定重写《孙子兵法》。《人民日报（海外版）》曾经报道说，1994年初，李铎闭门谢客，日夜运笔，在158张宽70厘米、长140厘米的宣纸上，以行草字体重新写出《孙子兵法》，总长220米。

熟悉书法艺术的人都知道，长卷的书写需要高度技巧，既不能松散懈气，也不能拥塞沉闷，最怕前后不协调不连贯。李铎新写的《孙子兵法》，6000多字，1000多行，"自始至终既风格一致，浑然天成，又仪态万方，变化无端；连绵中寓畅达，凝重中见飞动；茂密葳蕤处如森林树海，疏朗开阔处如草原绿洲"。它的书写成功，既是当年的书坛盛事，也成为李铎书法艺术的巅峰。启功赋诗赞曰：鸿都门下中郎笔，视此豪情逊不如。

1995年夏，在我国庆祝抗日战争胜利50周年之际，军事博物馆公开展示了李铎的《孙子兵法》碑拓。1997年7月，《李铎书〈孙子兵法〉碑拓全集》由解放军出版社出版。当年秋，李铎将这本书签名赠送给我。

《孙子兵法》是举世公认的人类古代军事思想的高峰，它所揭示的战争规律历久弥新，散发着永恒的魅力。我在工作中，曾多次在外交场合，向外国朋友介绍《孙子兵法》中阐述的将军基本素质的五个字标准：智、信、仁、勇、严。为将者，必须有智慧，否则不足以取胜；必须讲信用，否则不足以取信于兵士；

第二部分 中国书法

  《孙子兵法》计篇：将者，智、信、仁、勇、严也。

  《孙子兵法》是举世公认的人类古代军事思想的高峰，它所揭示的战争规律历久弥新，散发着永恒的魅力。在我的工作中，我多次在外交场合，向外国朋友介绍《孙子兵法》中阐述将军基本素质的五个字标准：智、信、仁、勇、严。为将者，必须有智慧，否则不足以取胜；必须讲信用，否则不足以取信于兵士；必须仁义，否则兵士不会知恩图报，慷慨赴死；必须勇敢，怯懦畏战，必然失败；必须严格，没有纪律，就没有胜利。这五个字，言简意赅，既容易理解，又容易记忆。一些外国朋友听到后就能迅速背下来，有的甚至还让我把这五个汉字写下来，以便他们记忆。这也是《孙子兵法》的永恒魅力光耀今天的小小一例。

必须仁义，否则兵士不会知恩图报，慷慨赴死；必须勇敢，怯懦畏战，必然失败；必须严格，没有纪律，就没有胜利。这五个字，言简意赅，既容易理解，又容易记忆。一些外国朋友听到后就能迅速背下来，有的甚至还让我把这五个汉字写下来，以便他们记忆。这也是《孙子兵法》的永恒魅力的一个小小例子。

相信每一位军人，都熟悉《孙子兵法》的开篇名言：兵者，国之大事也，死生之地，存亡之道，不可不察也。这里的"察"，主要是指为将者要谙熟行军打仗的兵法，因为它事关国家的生死存亡。但对于我而言，这个"察"字又有特殊意义。我所从事的军事外交工作，需要的是见微知著，明察秋毫。事实上，今天，我把"心事浩茫连广宇，于无声处听惊雷"作为座右铭，也是为了一个"察"字。

张海：开创草隶新境界

张海赠送给作者夫妇的签名盖章书。

　　位于河南郑州的解放军信息工程大学，是我做兼职教授的一
所学校，每年我都去那儿讲课，以免虚挂其名。2010 年 5 月
11 日，我又来到信息工程大学，授课之后，时间尚早，校方安
排我参观了他们的校史馆。参观结束，校方建议我在校史馆门前
摄影留念，并说："我们这个馆名可不得了，还是中国书法家协
会主席题写的呢!"

　　"是张海吗?"

　　听说是书法家协会主席，我连忙追着问。我正在筹划《藏

2010年7月1日，作者在北京向张海介绍藏书，右起：作者、张海、中国国际战略学会高级顾问潘惠忠将军、新华出版社副社长罗海岩。

书·记事·忆人：书画专辑》，早就研读了一些张海的书法作品，正不知道如何请教一二呢！

"当然是啦。张海先生是河南人，他在当选中国书法家协会主席之前，是河南的书法家协会主席。"陪同我的校方领导说。

"那么，能不能请你们帮我联系一下。我的新书是关于书画的，我正想着请一位书法家给我题词作为前言。"

"写什么呢？"

我想了一下，说："就写'书海无涯'吧。图书的海洋没有边际，书法艺术的海洋也没有边际。"

就这样，我与未曾谋面的张海有了这么个机缘。

第二部分 中国书法

一点一畫意態縱橫倔亞中間綽
有餘裕結字生動幽若深遠狀不
測為量書之妙也　是日無病
　　　張懷瓘論書戊子年春初　張海　印

张海书唐张怀瑾论书句

　　一点一画，意态纵横倔亚，中间绰有余裕，结字生动，幽若深远，以不测为量，书之妙也。是日无病。

张海草书对联：退一步想 留几分心

对于书法艺术，张海有两个重要观点：一是要"找到某种书体与自己的气质的感应点"，因为只有这样，才能形成自己的风格；二是要"有一点明显异于前人之处"，因为只有这样，才能超越前人，取得进步。这两点，既是书法艺术的客观规律，又是张海成功的奥秘。

回到北京后不久，我就听说，"书海无涯"四个字已经写好了。2010年夏，我与夫人寿瑞莉陪同美国前总统国家安全事务助理布热津斯基夫妇赴郑州，出席布热津斯基夫人埃米尔的雕塑落成仪式。出行计划确定后，我对信息工程大学提出想顺便拜会张海，但得到的答复是张海不在郑州。怎么才能见到他并当面请教致谢呢？我想到了中国文联党组副书记覃志刚。覃志刚是书画的爱好者与实践者，中国文联又是中国书法家协会的上级单位，一定可以帮忙联络。很快，我就得到消息，原来张海就住在北京。2010年7月1日晚，我和张海有了首次见面。

张海身材颀长，头发花白，儒雅潇洒。我们见面不容易，一见面，才发现他非常平易近人、细致周到，不但给我和我的朋友们每人都送了画册，而且在画册扉页上为每个人题词留念。他为国防大学原政委赵可铭上将写了"友谊长存"。即使是我的秘书，他也认真地为他写下了"天道酬勤"四个字。

与艺术家交流，精神上的愉悦是最重要的，而精神上的愉悦，又以聆听艺术家的真知灼见为最。我美其名曰：在物质会餐的同时进行精神会餐。张海是书法家协会主席，我很想请教他，究竟应该怎样看待当前中国书法。对此，张海非常自信地说："我认为，现在是书法历史上最好的时期之一。我经常说'一厘米'。我的意思是，现代人是站在前人肩膀上的，只要在前人基础上前进了一厘米，就是成功了。"

张海还对今天的书法教育与普及表示担忧。他说："今天的中小学生，由于电脑普及率越来越高，书写的习惯逐渐弱化，如果书法的教育不够系统，恐怕会影响普遍的书法水平。对于书法，我们应加大普及力度。"

相见恨晚，言谈甚欢，不知不觉已经到了席终人散的时候。临别之际，张海说："我已经知道了你的收藏爱好。我全力支持。过些天，你派一个人到我那儿，我再送你一些书。"2010年7月底，我在北戴河休假的时候，我的秘书从张海处取到一大包书，都是张海的书法集，每一本不但都签名，而且写了格言警句。2011年元月，张海又将《岁月如歌》（人民美术出版社，2010年4月第一版）签名赠送给我和夫人寿瑞莉。我很欣赏张海在《创造力的实现：张海书法选》中写的：

来无所从　去无所至

有酒则舞　无酒则醒

张海在《创造力的实现：张海书法选》上写道：

光楷将军
来无所从　去无所至
有酒则舞　无酒则醒
张海
2010.7

　　从艺术的角度，这四句话可以理解为艺术创作的灵感与过程。灵感不知从何而来，又不知到何处去，来的时候飘飘欲仙，灵魂也不禁翩然起舞，去了以后清醒理性，庄重自持。

光楷将军

瑞莉女士

雅正

辛卯二月 匡院

张海

2011年元月，张海将《岁月如歌》（人民美术出版社，2010年4月第一版）签名赠送给我和夫人寿瑞莉。

我想，这正是张海用艺术的语言表达艺术创作的灵感与过程。灵感不知从何而来，又不知到何处去，来的时候飘飘欲仙，灵魂也不禁翩然起舞，去了以后清醒理性，庄重自持。

看了张海的书法集，我更加理解他的"草隶"艺术。张海的笔法，常以长锋饱蘸浓墨，一幅作品一气呵成，出现几乎无墨时的渴笔、破锋，使干笔飞白与浓墨重彩形成强烈的对比，成为典型的张海书风。张海的"草隶"在点画、造型、章法、气势等诸多方面，都具有鲜明的特性，得到书法界共识。沈鹏曾在《创造力的实现》一文中称赞张海"隶书作根底的行书与楷书，开拓出别一境界"。

套用张海关于"一厘米"的理论，我认为，"草隶"正是属于张海的那"一厘米"高度。

范曾：痴于绘画　书法先导

《范曾雅兴》
五洲传播出版社

　　我家客厅正中挂着一幅画。画中一位老者，白发白须，头戴斗笠；还有一位童子，乳发覆额，满脸稚气。一老一小正在对弈，老者守着棋局，皱眉沉思；童子则气定神闲，满不在乎。画面很简单，但爷孙二人对弈的乐趣却呼之欲出。

　　许多客人见了这幅画，都很喜欢，问："是范曾的作品吗？"

　　我笑一笑："不是。"

　　接着我说："这幅画的作者没有那么知名，但我很喜欢这幅画，因为我们家是三代同堂、其乐融融的大家庭。我常常

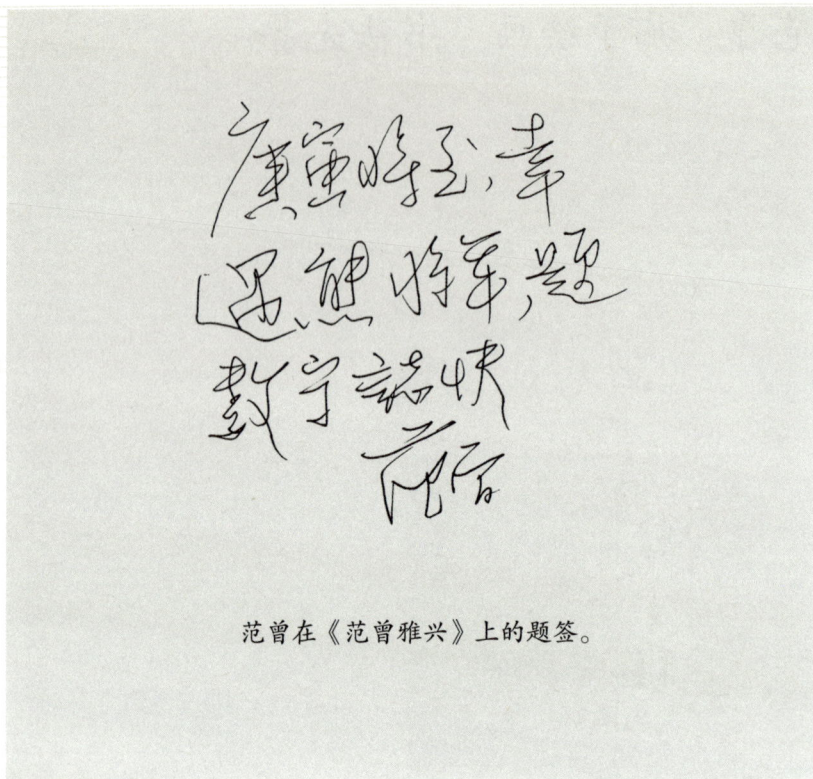

范曾在《范曾雅兴》上的题签。

与外孙、外孙女对弈，乐在其中。"

接着，我还会说："虽然这幅画不是名家所绘，价值恐怕也很有限，但对我很有意义。因为这是伍修权老人送给我的。1979年，伍修权创办中国国际战略学会并担任会长。几年后伍老退出总参领导岗位，专职任战略学会会长，而我已被提拔为总参的一个部门领导。为了使战略学会的工作得到更多支持，伍老谦虚地请我在回龙观吃饭，这幅画就是他在吃饭时送给我的。有意思的是，后来我成了中国国际战略学会的第三任会长，一直干了12年，到2009年战略学会成立30周年时才主动请辞。"

虽然这幅画不是范曾所绘，但客人们常常认错，也反映出范曾的知名度很高，而且，他的艺术风格独特，富于个性。

2010 年 1 月 31 日，我和范曾出席"2009 影响中国收藏界十大人物十大事件"颁奖典礼后合影。

范曾出名很早，上个世纪80年代初，他就名声很大。他笔下的中国古代人物，无论是神话传说中的人物，还是文人墨客、僧道隐逸，都造型夸张，神采飞扬，具有鲜明的艺术特色，受到比较广泛的认可和欢迎。但他的成就并不限于绘画。他有一句自我评价："痴于绘画，能书。偶为辞章，颇抒己怀。好读书史，略通古今之变。"这显示出他的三个工作方向：一是书画；二是写作；三是思想。经过多年的努力，他在这三个方向上都取得了被人们广泛认可的成就。

2010年1月31日，我和范曾在同一个活动中相遇了。而且，我们二人都是这次活动的主角。这就是由20家新闻媒体共同评选出的"2009影响中国收藏界十大人物十大事件"颁奖典礼。我

第二部分 中国书法

国士风在

偶逢佳士

范曾曾说自己"痴于绘画，能书"，相对于绘画，范曾的书法也有特色，很受欢迎。在《范曾自述》中，范曾说，"书道"法自然：至大之境必为本乎观之于天，悟之于心，应之于手。挥写之际，目不见绢素，手不知笔墨。当此之时，正所谓天人合一，略无间隙。他还认为，中国的书法家是中国画家的先导者。书法家对线条的悟性走在画家的前面，这是中国书法家和画家的关系。第二个关系就是：书法家和画家，他们都是追逐自然的大规律，追求天地的大美。

和范曾都是"十大人物"之一。我是因为收藏签名盖章书而入选。而他的入选却并不是因为他是收藏者，而是因为他是被收藏者。主持人在介绍时说："他的作品永远是收藏家、拍卖行和一切收藏爱好者追逐的对象。他的一举一动都会惊动媒体，他的一书一画都会让拍卖兴奋……"在获奖感言中，范曾也说："我本人谈不上收藏家，我是被收藏家。"

范曾还讲述了他对收藏的理解。他说，收藏是为己之学，首先能使收藏者有种内心的快乐，但终极目的如王阳明所说是利他，是为了国家收藏我们民族的光荣与骄傲。

在我的致辞中，我也说了我的收藏理念。我说，我的收藏跟大家的收藏既有共同点也有特殊点，共同点是大家都关注文化历史的积淀、凝聚；不同点是，我更关注的是精神价值，而不是经济价值。我收藏的重点，是签名盖章书。如果真要用金钱来衡量的话，那么，人们都说书中自有黄金屋，我自认为我收藏的签名盖章书中不知有多少万两黄金。

颁奖结束后，我和范曾参加了活动主办方的午宴。我和他谈到许多藏书读书的乐趣，他均表示赞同，我们谈得兴致勃勃。临别时，范曾邀请我改天到他家中一聚，看看书，谈谈书，一起吃个晚饭，为我画一张画。我说，谈书、吃饭都是快乐之事，当然乐于前往，但送画就不用了，我并不收藏字画，我收藏的是签名盖章的书画册。于是我拿出一套《范曾雅兴》。范曾当即在上面写道：庚寅将至，幸遇熊将军，题数字志快。

这套《范曾雅兴》分上下两卷，用微微发黄的书写纸印成，以传统的折页方式装订，可以打开成一个长卷。这套书中收录的并不是范曾绘画，而全部是四字条幅，用典型的范曾风格的书法写成，清雅工整，古意盎然。

范曾曾说自己"痴于绘画，能书"，相对于绘画，范曾的书法也很有特色，受到广泛欢迎。在《范曾自述》中，范曾说，"书道"法自然：至大之境必为本乎观之于天，悟之于心，应之于手。挥写之际，目不见绢素，手不知笔墨。当此之时，正所谓天人合一，略无间隙。他还认为，中国的书法家是中国画家的先导者。书法家对线条的悟性走在画家的前面，这是中国书法家和画家的关系。第二个关系就是：书法家和画家，他们都是追逐自然的大规律，追求天地的大美。从范曾的这些观点，我们更容易理解范曾将绘画与书法并举的艺术追求。

申万胜：将军书法家的"学书三用"

《申万胜书法集》
解放军出版社
2007 年 10 月第一版

《书法名家·申万胜》
西泠印社出版社
2009 年 12 月第一版

　　2010 年 1 月 28 日晚，我与解放军艺术学院原院长傅庚辰、申万胜，声乐系主任李双江，舞蹈系主任刘敏一起聚餐，申万胜同志将他的新著《书法名家·申万胜》（西泠印社出版社，2009年 12 月第一版）送给我。打开书页，他的签名盖章跃然而出，上款写上了我和夫人寿瑞莉的名字。对于我们的收藏爱好，他是再熟悉不过了。

　　申万胜祖籍四川广安，1946 年 9 月出生于贵州金沙，是一位蜚声军队内外的书法家，曾经担任总政文化部副部长、济南军区

申万胜在《申万胜书法集》
上的题签。

政治部副主任、解放军艺术学院院长、总政直工部部长等职，还
是第四、五届中国书法家协会副主席。我与申万胜熟悉，始于他
担任解放军艺术学院院长期间。至今我还清楚地记得，我与申万
胜、李双江、刘敏等多年前总在军事博物馆附近一家小餐厅愉快
餐聚的情形。可以说，2010 年 1 月 28 日的聚餐，是友谊的延续。

申万胜从总政直工部部长的职位上退休后，被我推荐聘为中
国国际战略学会高级顾问。也正是在这个时候，他举办了一次规
模较大、影响深远的书法展。

申万胜书法展的开幕式定于 2007 年 11 月 16 日。恰好那一天，
我受到上海交通大学邀请，出席其国际与公共事务学院聘请我担
任名誉院长的仪式，并主持我的朋友、俄罗斯外交与国际政策理
事会主席卡拉加诺夫的演讲会。我在上海，只有不到一天时间。

2007 年 11 月 17 日，作者陪同军委原副主席张万年参观申万胜书法展。

早上坐火车抵达，晚饭后即乘火车返回。可也因此错过了申万胜书法展的开幕式。

2007 年 11 月 17 日晨，我返回北京。当天，我就赶到中国美术馆，现场欣赏申万胜的书法艺术，以弥补未能出席开幕式的遗憾。碰巧的是，我的老领导、军委原副主席张万年也来参观展览。张万年副主席退下来后也勤于书法，每日挥毫不辍，遇到著名军旅书法家申万胜的展览，自然不愿错过。我一直陪着张万年参观，他说了一句话我至今记忆犹新。他说："过去是以工作为中心，现在是以健康为中心，每天习字，有利于身体健康。"

参观之余，申万胜将展览图集《申万胜书法集》（解放军出版社，2007 年 10 月第一版）签名赠送给我和夫人寿瑞莉。

那一天的中国美术馆展厅，简直像是笔墨的海洋，一幅幅精

第二部分 中国书法

211

《申万胜书法集》中刊登的申万胜挥毫创作巨幅书法的照片，反映出他的勤奋苦练。

彩的书法作品有大有小，有草有隶，令人目不暇接。特别是有几幅大字，有一个人大小，盘曲环绕，苍劲有力，充分体现了书法的魅力。展览现场有一张照片给我印象很深。照片中，申万胜手握毛笔，在地上铺着的大幅宣纸上挥毫而书。这使我想到，书法除了具有视觉上的艺术魅力外，还能够将精神享受与身体健康辩证地融为一体。

申万胜本人就很重视书法艺术的辩证性。他对中国书法的定义是，"以抽象的笔墨线条和丰富的汉字形态反映世间物象构成及其运动规律之意象美的艺术"。他认为，物象构成及其运动规

申万胜曾经多次与人谈到，或者公开展出他所提倡的"学书三用"：

用心。就是多琢磨、会领悟、善思考。在学习中不断提出新的问题。欲得于笔，当妙于心。要着力解决形与神、法与意、情与理之间的辩证关系。

用情。就是要在书法创作中融入自己的情感。书法艺术是情感艺术。书家的追求、观念、情绪都会在作品中不同程度地表现出来。只有充满感情，饱含激情，才能赋予作品鲜活的生命力，产生意想不到的艺术效果。

用功。就是要通过多种形式学习钻研。无论临什么帖都要下苦功夫。把握经典碑帖的笔法、结字、章法、墨法。苦练笔墨技巧，同时还要深入体味，做到知其然，又知其所以然。

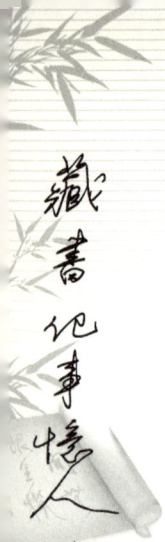

律，完全符合哲学上对立统一的法则。这个对立统一法则，时时处处体现在物象的矛盾和变化之中，同样也体现在书法艺术的矛盾和变化之中。而书法艺术有四点重要的对立统一关系，应当特别引起重视，即内容与形式的关系、技术与艺术的关系、书品与人品的关系、继承与创新的关系。申万胜说，陆游的一首诗"六十年来妄学诗，功夫到处独心知。夜来一笑寒灯下，始是金丹换骨时"，说的是学习写诗的经验，其实也是学习书法、把握书法的辩证规律，直到脱胎换骨、实现超越的经验。

申万胜本人的学书经历，也堪称千锤百炼、脱胎换骨的过程。他习书甚早，七八岁的时候就开始临习柳公权的《玄秘塔》，十四五岁时开始临习王羲之行草字帖。但他直到1998年担任济南军区政治部副主任的时候，才出版《红楼梦诗词书法集》。此时距离他最早临习书法已经40多年，可以说是厚积薄发、瓜熟蒂落。

而且，作为军队一级领导干部，申万胜的日常事务又是那么繁忙。二炮的书法家刘洪彪曾经采访申万胜，一个小时的采访，被许许多多的来人、来电、办件打扰得七零八落，谈话总是有头无尾、断断续续。这种情况下怎样才能潜下心来？申万胜告诉我，他是把练习书法作为休息，既放松身心，舒缓工作压力，又寄情艺术，陶冶性情。这样，别人视为畏途的"勤学苦练"，到申万胜那里竟然成了怡然自得的放松与享受。也正是以这样一种心态，申万胜在济南工作期间，利用两年多的空隙时间，一面研习《红楼梦》，一面挥毫命笔，写下了《红楼梦》中的所有诗词曲赋，后来出版一部受到书法界称赞的《红楼梦诗词书法集》。

我特别欣赏申万胜关于"学书三用"的理论，即练习书法要"用心、用情、用功"。申万胜本人的书法成就也是"用心、用情、用功"的结果。

苏士澍：鸡毫大篆堪称绝

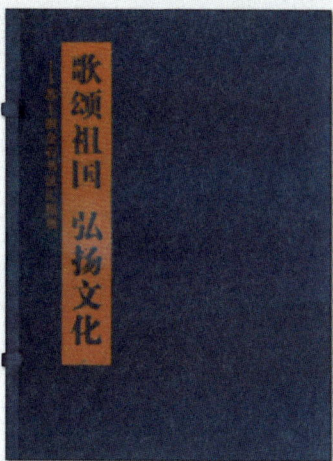

《歌颂祖国　弘扬文化——
苏士澍金石书法汇报展》
文物出版社
2009 年 6 月第一版

2009 年 9 月底，为了庆祝新中国成立 60 周年，我和艺术家袁熙坤、书画收藏家张忠义决定拿出我们的收藏品，举办一次展览。展品都是现成的，但因为三人的藏品各有特点，分属不同门类，内容丰富，涉及面广，一时难以想起一个概括性强又符合我们收藏特点的好名字。

几番斟酌，张忠义说："全国政协常委苏士澍 6 月份也举办了一次向新中国成立 60 周年献礼的展览，他起的名字是'歌颂祖国　弘扬文化——苏士澍金石书法汇报展'。我看不错，比较

第三部分　中国书法

谦虚低调。"

我们听了，都眼前一亮，就叫"收藏汇报展"，既全面而符合实际，又朗朗上口，就是它了。后来，经斟酌，又改为"特藏汇报展"。

2009年9月24日，"凝聚的历史瞬间——庆祝新中国成立60周年熊光楷、袁熙坤、张忠义特藏汇报展"在北京金台艺术馆隆重举行。当时，苏士澍也接到邀请并准备前来参观展览。但在展览当天，他突然有事来不了了。我也因此错过了与他交谈的机会，但我托张忠义把我的签名书赠送给他。

2009年12月31日，张忠义来我住处小坐，带来一些我委托他收集的签名盖章书。其中一本就是《歌颂祖国　弘扬文化——苏士澍金石书法汇报展》图集。苏士澍写道：

敬呈

熊光楷将军

己丑冬　苏士澍求教

真够谦虚的，令我颇感受之有愧。翻看这本精美的图册，看到其中苏士澍的简历，我对他的谦虚精神更添敬意。2007、2008、2009年，他分别在北京、大连、沈阳举办书法展，都命名为《书写和谐　守望家园——苏士澍金石书法求教展》。但实际上，作为全国政协常委、国家文物局文物出版社社长，苏士澍的成就是多方面的。除了篆刻书法以外，他还是著名的出版家，曾荣获出版界最高的韬奋奖，多年从事中国古代书法碑帖的编辑出版工作，对历代碑帖、拓片都有深入研究，并为大量历代碑帖、拓片题跋。

而他在篆刻书法领域的探索也非常丰富。从《书写和谐　守望家园——苏士澍金石书法求教展》中，我们看到，苏士澍将他的篆刻书法艺术延伸到陶瓷的瓶盘、笔筒、茶具、印盒、笔洗以及紫砂茶具、笔筒等众多与文人雅兴有关的器物上，拓展了艺术的空间，令人大开眼界。苏士澍的文具用品，多数都是他亲自到

敬呈

熊光楷将军

己丑春 苏士澍书敬

苏士澍在《歌颂祖国 弘扬文化》上的题签。

苏士澍题端的歙砚"琴调和畅"。苏士澍利用陶瓷的瓶盘、笔筒、茶具、印盒、笔洗，紫砂茶具、笔筒，笔墨纸砚等，展示其金石书法艺术，令人大开眼界，拓展了艺术的空间。苏士澍的文具用品，多数都是他亲自到产地订制的精品。他说："订制文房四宝，既让书法家有个人独立符号，又可以将文房四宝名家的技艺传承，支持文房四宝中的非物质文化遗产保护。"

第二部分 中国书法

217

苏士澍《与共和国同行》：

天行有常矣，人道是，岁月尽风骚。望岳秀山辉，硝烟逝去，河清海晏，紫气飘飘。举国庆，九州歌解放，万众逞英豪。全党一心，工农奋跃，改革开放，科技攀高。

中年逢盛世，壮怀处，更觉任重路遥。快意直抒胸臆，泼墨挥毫。颂社稷和谐，小康实现，科学发展，大治光昭。风雨同舟共济，不畏辛劳。

苏士澍常常在同一幅作品中展示篆书、行书、篆刻的三种功力，很富于特色。

鸡毫大篆是苏士澍的特色，在书法界堪称一绝。鸡毫笔用鸡绒毛制成，比羊毫更软，属于软性笔。用鸡毫笔写字，需要使用者有不俗的腕力功夫。苏士澍的鸡毫大篆，笔法苍劲有力，稳重坚实，气韵生动。

产地订制的精品，毛笔是"士澍选颖"、徽墨是"士澍选墨"、宣纸是"士澍蜡笺"等等。他说："订制文房四宝，既让书法家有个人独立符号，又可以将文房四宝名家的技艺传承，支持文房四宝中的非物质文化遗产保护。"

早在 1965 年，17 岁的苏士澍就获得了北京少年书法大赛一等奖，中青年后师从启功 30 余年。曾经参与中国书协创建并担任第一届书法家代表大会秘书长的佟韦老人称赞苏士澍说："他的大篆和隶书，多以鸡毫软毫为之，古朴浑厚，疏朗洒脱，格局严整，气魄宏大。他的行草书和楷书厚重端庄，自然恬淡，神采潇洒，极富情趣。他的篆刻宗法秦汉，独具面目，特别要一提的是，在他的同一件作品中，可以领略到篆书、行书、篆刻的三种功力，很是赏心悦目。"

的确，鸡毫大篆是苏士澍的特色，在书法界堪称一绝。鸡毫笔，是传统毛笔的一种，现在国内使用鸡毫笔创作书画的已经很罕见。鸡毫笔用鸡绒毛制成，比羊毫更软，属于软性笔。用鸡毫笔写字，需要使用者有不俗的腕力功夫。苏士澍自幼随家族长辈学习使用鸡毫笔，他用鸡毫笔写出的大篆，笔法苍劲有力，稳重坚实，气韵生动。同时，他写的鸡毫隶书也富于特色。

第二部分 中国书法

2010年1月9日，在"澹然无极——中国书画名家司法保真学术提名展"开幕式上。左起：作者的夫人寿瑞莉、苏士澍、作者、张忠义。

　　尤其令人钦佩的，是苏士澍对祖国的热爱之情。他出生于1949年3月，是新中国的同龄人。"歌颂祖国　弘扬文化——苏士澍金石书法汇报展"是为庆祝新中国成立60周年而举办，其中的诗文几乎都是他自己创作，内容包括赞美祖国、歌颂改革开放、描画中国新变化等，贴近时代，贴近人民，激情四溢，感情深挚。例如，在《国旗颂》中，他写道"若非英烈千秋碧，哪得江山万里红"；在《河山颂》中，他写道"先贤功业春秋炳，华夏文明天地存"。可以说，在我收藏的众多书画集中，如此贴近时代、歌颂时代的书法集，还是不多的。

　　真正与苏士澍见面交谈，是在2010年1月9日。那天，由

苏士澍为作者书房题写"一味斋"匾额。

北京歌华文化发展集团主办、中国收藏家协会书画委员会协办，在歌华大厦举办了"澹然无极——中国书画名家司法保真学术提名展"。我和苏士澍都应邀出席了开幕式。开幕式之后又一起共进晚餐。其间，谈到我的收藏爱好，以及我请百岁茶人张天福书写条幅"茶书一味"的故事，苏士澍感到很有趣，也受启发，就说："我给你写个'一味斋'吧。"我表示感谢。

2010年9月1日，我在鸿府大厦设便宴，请张忠义等朋友晚餐。张忠义带来了苏士澍写的横幅"一味斋"，古朴浑厚，气魄宏大，正是富于苏士澍特色的鸡毫大篆。

第二部分 中国书法

覃志刚　姜　昆　徐沛东　唐国强 郁钧剑　戴玉强：文联六人联袂行

《庆祝海南解放60周年：中国文联名人书画六人展》

1950年5月1日，历时58天的我军历史上规模最大的一次渡海登陆战役海南岛战役取得胜利，海南宣告解放。这一天，成为海南获得新生的纪念日。60年后的2010年，海南省组织了丰富多彩的活动，庆祝60年前的难忘时刻。在这些活动中，"中国文联名人书画六人展"与我的收藏有关。

这次展览展出了中国文联6位艺术家的60多幅书画作品。他们分别是文联党组副书记、副主席覃志刚，相声艺术家姜昆，

覃志刚、姜昆、徐沛东、郁钧剑、唐国强、戴玉强的签名页。

作曲家徐沛东，表演艺术家唐国强，以及歌唱家郁钧剑和戴玉强。

这些艺术家都大名鼎鼎，在各自的专业领域都取得了丰硕成绩。但他们各自擅长的领域区别很大，平时除了文联开会或者文艺演出，很难想象他们能够聚在一起。谁也不会想到，他们竟然会以书法绘画为媒介，联袂在海南亮相。这的确令人耳目一新。

其实，对他们的了解如果更多一些，就不会对他们联袂举办书画展感到惊奇了。我和夫人寿瑞莉与他们6人都相识，因此，

听到他们举办书画展的消息，不是惊奇，而是会心一笑，赞叹他们的别出新裁。

6个人中，覃志刚是文艺界的领导。很久以前，我就听说了覃志刚在书画方面的名声。因为他并非专业书画家，挥毫命笔，着墨丹青，难免会给人业余的感觉。但覃志刚对于书画之道情有独钟，痴迷不悔，积数十年之功，虽然没有挂着书画家的头衔，但许多人认为，他的水平和境界都达到了专业水准。

我家与覃志刚的住处相距不远。2008年2月，我和夫人寿瑞莉曾到覃志刚家，看了他的画室。他的一张大桌子上星星点点地溅着墨彩，墙上挂着刚刚创作完成的书画作品。他告诉我，平时他在闲暇时，常常在画室里看帖临帖。他说，字字都有出处，是书法艺术的一种很高的境界，即使是有成就的书法家，也要不断看帖临帖，从前人的创作中汲取养料。

我和夫人寿瑞莉与姜昆已经交往多年。早在1993年12月29日，姜昆就曾应邀到我所在部队为官兵们演出。那一次，我得到了他的第一本签名书《李文华与相声艺术》。他与李文华的深厚情谊，多年来一直被曲艺界传为佳话。谁都知道姜昆是给我们带来欢快笑声的相声演员，但很少有人知道，他的书法也那么潇洒。姜昆很小的时候就在精通书法的父亲姜祖禹的指点下练习书法，但长大后一度搁置。在做客中央电视台《艺术人生》时，姜昆说，岁数大了，人就沉下来了，学会琢磨了，年轻的时候，只知道"招之则来，来之则战"，人到中年，开始明白，"战之不一定能胜，但一定要勇敢"，因此他为自己写下"艺海游天"四个大字，表明人心要有海阔天空，为人才能游刃有余。

在音乐作曲界，徐沛东早就有了书法方面的名气。他说，书画是他接触较早的艺术门类，多年来一直没有放弃，因为音乐与书法可以交相辉映，相得益彰。因此，他坚持在谱写歌曲的同时，通过研习书法提高自身艺术修养和文化素养。

郁钧剑是我和夫人寿瑞莉交往年头较多的老朋友。最初与他交往，也是请他到部队演出，他不但倾情演唱，而且台前幕后帮了我们许多忙，赢得了官兵们普遍好感。早在 1993 年 5 月，我就得到了他的第一本签名书《明星会客厅》。后来，郁钧剑逐渐向世人展示出他多才多艺、多姿多彩的一面。除了演唱，他还是作家、诗人，出版过 5 部诗集、2 部散文集，他还是书法、绘画专家，出版过 2 部书画集。

他从四五岁开始练习书法，1990 年之后又以沈鹏为师。绘画方面，他于 1984 年受到邓林的启蒙，开始学习花鸟画，之后遍求名师，还参加了中国画研究院首届花鸟高级研修班。无论是书法，还是绘画，他都多次参加全国性的展览。

郁钧剑练习书法，尤其在二王（王羲之、王献之）及明末清初的王铎的研习上下工夫。而唐国强则自称杂家，从颜体到柳体，甚至是美术字、"文革"时期的大字报，他都写过。后来，他开始喜欢怀素，书法的境界大为提升。在参加展览的 6 个人中，唐国强的草书最多。

无论覃志刚、姜昆、徐沛东，还是郁钧剑、唐国强，他们虽然并不以书法为专业，但在书法造诣上都达到了相当的水准，也都举办过书法展。与他们相比，帕瓦罗蒂的首位亚洲弟子、被誉为中国第一男高音的戴玉强就有些"业余"了。他自谦说，他在此之前从未练过书法，为这次书画展拿起毛笔，是他的第一次。但从他的书法作品看，他的作品虽然"业余"，但仍然难掩潇洒奔放的激情。看来，艺术真是相通的。

那么多文艺名家齐集海南，虽然主题是书画展，但不可避免地会有一场文艺演出。这 6 位文艺名家将文艺演出变成了慈善拍卖会。据媒体报道，覃志刚的书法作品拍出了 20 万元，徐沛东的书法作品《上善若水》和姜昆捐出的书法作品都拍出 13.8 万元，唐国强的书法作品《海纳百川》拍出了 13 万元，戴玉强自称"处

女作"的书法作品拍出了 17 万元，郁钧剑的书法作品现场赠送给了海南省慈善总会。整个活动共拍卖了 177.6 万元，这些善款在晚会现场就交给海南省慈善总会转赠青海玉树地震灾区。

　　我和夫人寿瑞莉与上述 6 人几乎都有这样那样的交往，得到此次书画展的消息后，就托郁钧剑搜集他们 6 人的书画集签名。2010 年 9 月 2 日，郁钧剑派人送来了签名书法集，并说，唐国强在美国，还没来得及签名。9 月 16 日，在郁钧剑帮助联系后，唐国强在北京郊区的一个影视拍摄基地补签完成。这本画册扉页集齐了 6 个人的签名。

覃志刚书唐代诗人张继《枫桥夜泊》：

月落乌啼霜满天，
江枫渔火对愁眠。
姑苏城外寒山寺，
夜半钟声到客船。

覃志刚曾说，字字都有出处，是书法艺术的一种很高的境界，即使是有成就的书法家，也要不断看帖临帖，从前人的创作中汲取养料。

姜昆书对联：

客上天然居
人过大佛寺

这副对联，既可以从左往右读，又可以从右往左读，因此姜昆称之为妙联，并且在左右两边都落了款。

228

徐沛东书：

精　气　神

　　徐沛东采用篆书方法，似字似画，字画融合，很好地体现出中国汉字的神韵。

唐国强草书：

　　为有牺牲多壮志
　　敢叫日月换新天

　　唐国强的草书颇有神韵，受到书法界的好评。

剛日讀經
柔日讀史
有酒學仙
無酒學佛

集古人句

庚寅春郁鈞劍書

郁钧剑书古人格言：

刚日读经　柔日读史
有酒学仙　无酒学佛

"刚日读经、柔日读史"，曾见于曾国藩家书，是曾国藩为弟弟们规定的读书方法。"有酒学仙、无酒学佛"，见于明代《小窗幽记》："酒能乱性，佛家戒之。酒能养气，仙家饮之。余于无酒时学佛，有酒时学仙。"

郁钧剑还有一方印章，刻着"读好书、交好友、喝好酒"，这是他的座右铭。

戴玉强书：

为你歌唱

戴玉强称，此次展览之前，他从未练过书法，为这次书画展拿起毛笔，是他的第一次。

232

胡滨：我的书法领路人

《胡滨·楷书草书千字文》
中国发展出版社
2007 年 8 月第一版

我与胡滨的交往，要追溯到北京市政协副主席熊大新。

有一次，时任财政部部长的金人庆打电话问我：北京市国资委主任熊大新比你年轻但自称是你的叔叔是否属实？我当即予以肯定，解除了这个疑团，因为我的上一辈确实是"大"字辈，我父亲的名字就是熊大惠。熊大新的祖籍也是江西南昌，与我是不出五服的亲戚。

离开北京市国资委主任的岗位后，熊大新担任北京市政协副主席。2008 年 6 月 17 日，我受邀到北京市政协讲课，熊大新也

藏書
紀事
憶人

书画专辑

胡滨在《胡滨·楷书草书千字文》上写道：

　　熊光楷上将和夫人寿瑞莉女士是我的长辈。熊总长嘱我在这本书的首页写几句话，我十分荣幸。此书能送给尊敬的两位老人，我感到惶恐，我能做的，就是恳望两位老人对我的书法予以赐教指正，更希望呈上这本书以表达我对两位老人的崇高敬意。

本书作者　胡滨
辛卯年新春

　　在座。刚开讲的时候，我说："今天在座的还有我的一位'叔叔'，虽然他的年纪比我小，但的确是我不出五服的堂叔，他就是熊大新副主席。"我的话，激起台下一片笑声，拉近了我与在场的北京市政协委员们的距离，活跃了会场气氛。

2009 年春，熊大新告诉我，北京燃气集团公司的党校，与北京市书协合作，成立了一所北京书法学校。每隔一段时间，北京书法学校就会邀请一些老领导，就他们感兴趣的话题，组织专家讲座。讲课之前，领导们可以在书法专家的指导下研习一会儿书法。我一向喜爱学习，不愿错过学习听课的机会。当时我就表示，我感兴趣，希望参与。熊大新说当然可以。

2009 年 5 月 7 日，下午 3 点半，我第一次来到北京书法学校。一进门，就看到北京市原副市长胡昭广，他正在伏案挥毫，练习书法。在胡昭广身边进行指导的，是一位中等偏瘦身材、目光含蓄内敛的中年人。见我来了，人们介绍说，这位中年人就是燃气集团党校校长，也是北京书法学校校长胡滨。

从那天起，我就成了北京燃气集团党校暨北京书法学校的"学生"，也就成了胡滨校长的"学生"。在这儿，我们听了文学与艺术课，听了养生和中医课，听了历史文化与宗教知识课等。每次听课前，照例是半个小时的书法练习。通过胡滨校长的讲解，我逐渐懂得了一些书法的奥妙。

与许多旧学功底深厚的老先生不同，我从小学开始，上的就是新式学校。虽然学校里也有书法课，但我都只是浮光掠影地学学，并没有深入系统地习练。后来上大学，我学的是英文，工作后，打交道最多的也是国际政治、军事、安全、战略等问题，与中国传统文化牵涉不多。因此，我练习过拉丁字母的花体写法，但没有正式学过中国书法，平时只用硬笔书写，很少使用软笔。

在北京书法学校，我开始设法迈进书法艺术的大门。胡滨讲的一些方法，都简单而实用，效果也很好。他教我如何拿软笔，如何悬腕，告诉我应该握笔稍高点，这样就可以游刃有余，格局开阔。他还告诉我，临帖很重要，但要从基础开始，可以先摹帖。北京书法学校的习字台就特别地把一部分台面改成磨砂玻璃，玻璃底部两旁安装了荧光灯。把宣纸覆盖在字帖上再打开荧光灯，

第二部分 中国书法

　　胡滨楷书（右）、草书（左）千字文："天地玄黄，宇宙洪荒。"

　　胡滨的书法，楷、草、魏、隶，都有特点，形成了个人书写风格。在《胡滨·楷书草书千字文》中，我们看到，他的楷书，字字工整、结构严谨、线条刚劲、力透纸背；他的草书笔姿灵动、结体洒脱，字字都从规矩中来，非常适合作为字帖使用。

就能清清楚楚地透过宣纸看到字帖，使摹写简便易行。他还建议，如果写字的时候参照字帖，会比凭空默写更加规范工整，有助于提高书法水平。后来有几次我用毛笔写字，就是先从字帖上找到要写的字，然后慢慢临写，果然美观了许多。

我的夫人寿瑞莉比我的字写得好，但也没有正式学过书法。她多次表示，希望有机会练习书法。为了帮助我们临习字帖，胡滨将他出版的字帖《胡滨·楷书草书千字文》（中国发展出版社，2007年8月第一版）签名题字赠送给我们。从这本书的序言和后记中，我们了解到，原来书法并非胡滨的主业。胡滨是研究哲学的，曾经撰写过多本哲学方面的书籍。而且，他练习书法还是源自家传。他的祖父胡信贤就是一名书法名家。从幼年起，他在祖父的指导下练习书法，学习了唐楷，后来又学行草书、魏碑、汉隶等，逐渐形成个人书写风格。2006年，意大利国家电视台专访胡滨，并做了中国书法电视专题。2006年9月，香港阳光卫视专题做了胡滨艺术人生专题片，对他的书法成就作了详细报道。北京书法学校就是北京书协与北京燃气集团党校合作成立的，由胡滨担任校长，被指定为中国书协教育委员会培训基地和首都艺术家培训基地，至今已经培养出400多名书法本科生。

2011年3月15日下午，在北京书法家协会五届四次理事大会上，胡滨被选为北京书法家协会副主席。得知这个消息，我和夫人寿瑞莉都表示了热烈祝贺！

第二部分 中国书法

藏书记事忆人

书画专辑

第三部分

外国书画

达·芬奇：客死异乡的天才巨匠

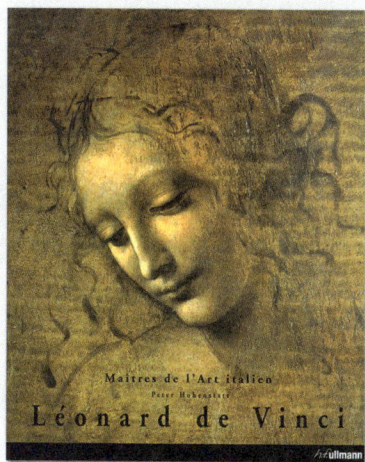

《列奥那多·达·芬奇》画册

　　说起达·芬奇，全世界可能无人不知。他是西方文艺复兴三位巨匠之一，他与同时代的一批画家一起，掀起了西方绘画史的第一次高潮。我到意大利访问的时候，切身感受到达·芬奇在他祖国的影响力。后来，我和夫人寿瑞莉都有机会访问法国，在卢浮宫亲眼见到《蒙娜丽莎》的真迹。虽然那个神秘的微笑被密封在厚厚的玻璃后面，但它传达出来的感染力却仿佛能够使时空静止、艺术永生，令人赞叹不已。

　　我没有料到，我还有机会参观达·芬奇生命中最后居住的

地方，并且亲临他的墓室凭吊。

2007 年 3 月，我到俄罗斯与巴西访问，往返都途经法国，且都有一天时间转乘飞机。来到西方的艺术之都、时尚之都，自然要顺便参观一下。此前我曾多次访问法国，巴黎的景点大都参观过，因此接待我们的朋友说，请你们看看巴黎郊外的景色吧。

没想到，这个郊外距离还挺远。从巴黎驱车出来，一下子走了 200 多公里。陪同我们的朋友介绍说，我们沿途看到的景点叫卢瓦尔河谷，这一代风景如画，幽美秀丽，被称为"法兰西花园"。他同时介绍说，我们此行，与一位大艺术家有关。

"这位大艺术家是谁？"我问。

"达·芬奇。"

"怎么会是达·芬奇？他不是意大利人吗？"我很惊奇。

果然是达·芬奇。朋友介绍说，"达·芬奇晚年受到法国国王弗朗西斯一世邀请，带着《蒙娜丽莎》《圣·让·巴蒂斯特》和《圣母子与圣安娜》三幅心爱画作，于 1516 年移居法国，在这里度过了他人生的最后几年，最后安葬在法国。"

接近中午的时候，我们来到第一个景点昂布瓦兹城堡。有意思的是，这座 15、16 世纪典型的文艺复兴风格的古堡，其建筑风格不仅是法国式的，还带有鲜明的意大利风格。原来，当时的一些法国国王到过意大利的那波利王国和米兰王国，感受到意大利文艺复兴艺术的巨大魅力，于是决心将意大利风格引入卢瓦尔河畔。不仅外表如此，城堡内部也既有哥特式居所，又有文艺复兴式套房，显示出各种风格交融、相互借鉴的艺术风彩。

我们登上城堡的平台，达·芬奇墓地所在的圣·于贝尔教堂就位于卢瓦尔河谷美丽景色的环抱中。这是一座典型的哥特式风格教堂。达·芬奇于 1519 年逝世后，先是被安葬在附近的一座教堂，到 19 世纪移葬于此。这里的教堂空间很小，其实仅有一座达·芬奇的墓。墓地平镶在地面下，上面仅有达·芬奇的

作者在达·芬奇墓地圣·于贝尔教堂前（上图）及教堂内的达·芬奇墓前（右图）留影。

作者夫妇收藏的达·芬奇画册上有克洛吕斯城堡纪念章及书店经理的签名。

名字和头像浮雕。一代巨匠就这样平平淡淡、安安静静躺在这方土地之下。

　　昂布瓦兹城堡过去曾是弗朗西斯一世的住地。达·芬奇受到邀请来到此处时，弗朗西斯一世希望能够经常听到达·芬奇的高见，于是就将距离昂布瓦兹城堡不远的克洛吕斯城堡送给达·芬奇居住。

　　离开昂布瓦兹城堡，我们来到克洛吕斯城堡。这是达·芬奇最后的居所，大师在这里度过了生命中的最后时光。经过悉心整修，这里的房梁、壁炉、壁画都忠实地重现了文艺复兴时的风格。华美的厅堂、寝室、炊事间、礼拜堂，以及一条地下秘密通道，让我们领略了达·芬奇日常生活的真实细节。

据介绍，在这儿，达·芬奇已经很少绘画，主要进行一些科学技术研究。有趣的是，根据达·芬奇生前绘制的手稿和草图，IBM 公司的技术人员在这里制造出了 40 多种达·芬奇生前发明、却未及变成现实的机械装置。这些发明既有飞行器、车辆，也有武器、桥梁，反映出达·芬奇作为科学巨匠的一面。

在城堡外面的花园里，星星点点地放置着 16 座巨型模型，有的还可供游客操作，还有 32 幅巨大的半透明的画布，上面印着达·芬奇的名画与草图，使我们身临其境，宛如时光倒流。

这次法国之行虽然已经过去数年，但我记忆犹新。2010 年 9 月，又有朋友去卢瓦河谷游玩，为我和夫人寿瑞莉带回了盖有克洛吕斯城堡印章的达·芬奇画册。

第三部分 外国书画

　　达·芬奇的名画《抱银貂的女子》。作为文艺复兴的巨匠之一，达·芬奇的绘画虽然仍然以宗教题材为主，但《蒙娜丽莎》《抱银貂的女子》等描绘的都是平凡的人物，特别是她们的神情摆脱了宗教题材中的神圣与高不可攀，变得与人类情感相通，使人更容易理解，产生亲切感。达·芬奇的艺术是文艺复兴时期人类觉醒与解放的一个强音。

　　《抱银貂的女子》中，最引人注目之处是达·芬奇对明暗光线的处理，通过明暗对比衬托出画中女子柔美的面容。达·芬奇说："静观光线，欣赏其美。合眼观察，初见之光缓缓消逝，新影像将逐渐成形。"他还说："缺少光与影，所有的事物均难以理解。光与影均来自光芒。"达·芬奇在绘画中一直不断尝试室内人物脸庞光线的塑造与表现，他甚至发明了间接照明的方法，使用墙壁或屏幕来反射光线，以便达到光亮与阴影的均衡，这与今天摄影家常常使用反光板的方法不谋而合。

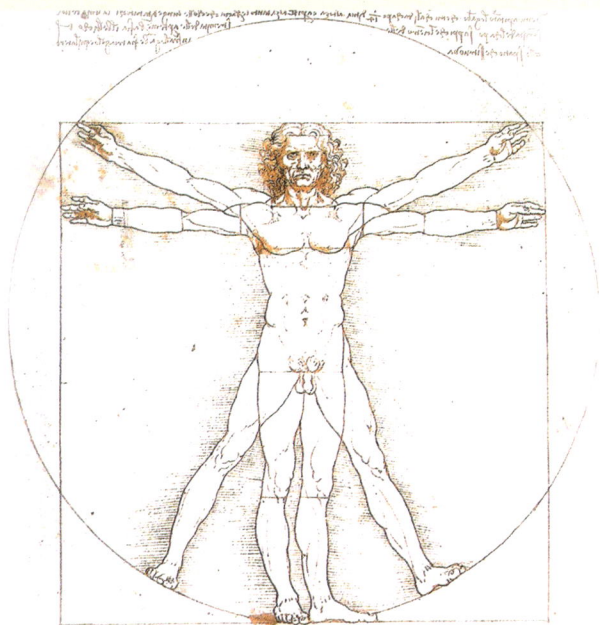

达·芬奇笔下的人体。除了人体比例的美感外，健美的肌肉、健壮的体魄也反映出达·芬奇对健康的科学知识。达·芬奇曾在养生艺术中写下如下养生箴言：

欲保身体强健，谨遵下列规则：
无口腹之欲时，只需清汤淡饮；
务必细嚼慢咽。所有入口之物，
应当彻底煮熟，烹饪力求简单。
避免无故求医，远离沉闷空气，
平时不乱动怒。离开餐桌之时，
保持姿势挺直；白日尽量少睡。
酒中掺水少量多酌，餐前餐后避免饮酒。
空腹时亦滴酒不沾。有意如厕切莫隐忍；
体能运动不宜剧烈。晚间睡眠须求保暖；
俯睡仰睡均不理想，头高于脚休息充足，
心情愉快避免纵欲，谨遵以上养生之法。

丢勒：与达·芬奇同时代的德国绘画大师

《德国萨克森州德累斯顿
古典巨匠绘画陈列馆》

　　德累斯顿是德国的历史文化名城。在历史上，德累斯顿曾经长期是萨克森王国的首府，在德国东部居于政治、文化和经济的中心地位。第二次世界大战末期，1945 年 2 月，盟军曾对德累斯顿进行地毯式轰炸，位于易北河畔的德累斯顿老城几乎被夷为平地。德累斯顿由此成为二战中受损最严重的德国城市之一。二战后，德累斯顿长期归属东德。上世纪 60 年代，我在中国驻东德武官处工作时，到德累斯顿参观，仍能见到老城内废墟累累，战争的伤痕触目惊心。经过几十年的重建，德累斯顿现在已经在很

盖在《德国萨克森州德累斯顿古典巨匠绘画陈列馆》
上的德累斯顿国家艺术馆印章。

大程度上恢复了原有风貌，许多人甚至认为，德累斯顿是德国最
美的城市。

　　位于德累斯顿古城市中心的古典巨匠绘画陈列馆，是德国乃
至欧洲最为著名的绘画博物馆之一。这里收藏着众多的文艺复兴
时期至 18 世纪末的欧洲名画作品，其早期收藏源自 1560 年萨克
森王公建立的艺术珍宝馆，后经萨克森国王奥古斯特三世重金收
购欧洲各国名画，并不断扩充，才形成现在的规模。馆内最重要
的藏品是一些意大利文艺复兴时期的绘画作品，还有 17 世纪荷兰、
佛兰德（比利时）的绘画，以及西班牙、法国和德国的绘画作品。

　　我在中国驻东德武官处工作的时候，就知道德累斯顿画廊。
在我和夫人寿瑞莉的收藏品中，也有一本德累斯顿画廊的藏品画
册，上面盖着德累斯顿国家艺术博物馆的印章，还有地址、电话

第三部分 外国书画

和传真号码。这本画册介绍了 78 幅馆藏古典大师的作品，以及该馆的收藏历史。在这本画册中，我看到了拉斐尔的《西斯廷圣母》、乔尔乔内的《入睡的维纳斯》、提香的《纳税银》等世界绘画史上的名作，还看到了鲁本斯、凡·代克、伦勃朗等世界级大师的作品。出生于德国纽伦堡的阿尔布雷特·丢勒的肖像画《贝尔哈德·冯·里森》也被收录在画册中。

丢勒是与达·芬奇等意大利文艺复兴巨匠同时期的德国绘画大师，1471 年出身于一个金银首饰匠家庭。丢勒自幼跟随父亲学习珠宝加工和铜刻技术，同时他对美术很感兴趣，显示出很高的艺术天赋。1494 年和 1505 年，丢勒两次前往意大利，将意大利的文艺复兴思潮带回德国，也使自己的艺术水平大为提高。德累斯顿画廊的专家认为，丢勒对德国绘画发展最突出的影响一方面来自他的创造性，另一方面是他对不同绘画形式的领会、吸收和发展。恩格斯曾把丢勒和意大利的达·芬奇并提，称之为"在思维能力、热情和性格方面，在多才多艺和学识渊博方面的巨人"。

丢勒在油画、版画、建筑、雕塑等方面均有建树，而尤以版画闻名于世。丢勒的版画刀法严谨，线条精致细密，历来被认为是西方版画艺术的典范。当时，由于印刷技术的发明及流传，版画艺术在群众中很受欢迎。丢勒的系列木刻版面《启示录》用丰富的想象力和完美的技法，表现了善恶的搏斗和对黑暗势力的惩罚，是西方版画史上第一部重要杰作。铜刻版画《骑士、死神与魔鬼》《圣哲罗姆》和《忧郁》是丢勒最杰出的版画作品，在版画史上影响很大，使他成为世界有名的伟大版画家。

丢勒还因为在欧洲开创了自画像的风尚，被誉为"自画像之父"。13 岁的时候，丢勒就用银针逼真地刻了第一幅自画像，还在画上写道："1484 年我还是一个孩子的时候，我照着镜子画了自己。"终其一生，丢勒留下了多幅自画像，生动地反映了他对

　　丢勒 1521 年绘制的《贝尔哈德·冯·里森》肖像。丢勒 1521 年 3 月 16 日的旅行日记里记载，画中人是一位商人，在此图完成后不久就去世了。这幅肖像画是丢勒晚期最有特点的作品之一，当时他在荷兰短暂逗留，受到荷兰肖像画的影响，这一时期他的创作也以肖像画为主。通过把整个画面的视觉中心向脸部，尤其是双眼集中，丢勒很透彻地表现了画中人沉稳坚毅、聚精会神的精神状态。

　　亚当·埃尔舍默 1608—1609 年创作的铜版画《丘比特和墨丘利在菲利门、巴乌希斯夫妻家》具有鲜明的德国特色，画中色彩沉郁，光亮集中于左侧，明暗关系的处理非常独到，现实人生和自然的人文精神被融入画中，使这幅神话题材的绘画有了更多的生活气息。

自己相貌及体格的关注。受到意大利文艺复兴大师的影响，丢勒强调画中的真实造型。他曾经刻苦钻研人体的尺寸与比例，历时十年写出著名的《比例论》。他的名画《亚当与夏娃》是德国美术史上第一幅按照真人比例画出的人物画像。

德累斯顿画廊收藏的丢勒作品，包括 1521 年绘制的《贝尔哈德·冯·里森》肖像。丢勒 1521 年 3 月 16 日的旅行日记里记载，画中人是一位商人，在此图完成后不久就去世了。这幅肖像画是丢勒晚期最有特点的作品之一，当时他在荷兰短暂逗留，受到荷兰肖像画的影响，这一时期他的创作也以肖像画为主。通过把整个画面的视觉中心向脸部，尤其是双眼集中，丢勒很透彻地表现了画中人沉稳坚毅、聚精会神的精神状态。

与德国历史上涌现出来的众多音乐家、作家、哲学家相比，虽然德国是哥特式、巴洛克、罗可可等建筑艺术的发源地，在建筑、雕塑等方面均处于欧洲领先地位，但德国绘画的历史地位却并不彰显。实际上，德国绘画既是整个欧洲绘画的一个有机组成部分，又有自己的传统与特色。丢勒的绘画作品就同时体现了文艺复兴时期的人文主义理想，以及哥特式的德意志文化传统，既细致逼真又充满诗意，同时充满坦率的精神力量。在我收藏的德累斯顿画廊画册中，亚当·埃尔舍默 1608—1609 年创作的铜版画《丘比特和墨丘利在菲利门、巴乌希斯夫妻家》就具有鲜明的德国特色。画中色彩沉郁，光亮集中于左侧，明暗关系的处理非常独到，现实人生和自然的人文精神被融入画中，使这幅神话题材的绘画有了更多的生活气息。埃尔舍默的作品以铜版画为主，且尺幅不大，但正是他，对后来的世界级大画家伦勃朗产生了很大影响。因此，研究西方美术，应将整个欧洲作为一个整体来研究，这样才不会厚此薄彼，以偏概全，才能全面客观。

透纳　康斯特布尔：英伦风景入画来

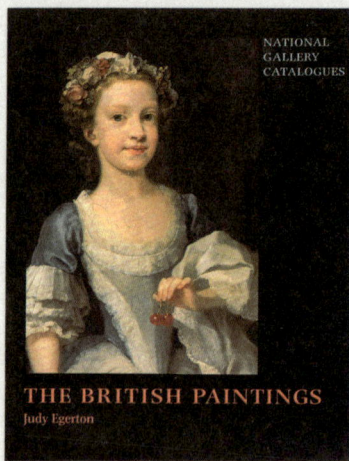

《英国绘画》

　　我在大学里学的是英文专业，但直到上世纪 80 年代末才第一次来到英国。此后又多次来到英国。2008 年更得到一次机会，从伦敦一直乘车来到北部苏格兰的首府爱丁堡，在饱览英国风光的同时，也更加深入地了解了英国的社会情态。

　　一般而言，对于英国，人们首先想到的就是这个老牌资本主义国家的首都伦敦。但伦敦如果代表英国，也主要是代表英国资本主义社会工业化发展的这段历史。作为岛国，英国的海洋风光十分独特，同时，英国乡间的风景也别具特色，与欧洲其他地区

National Gallery Company Limited

盖在《英国绘画》上的国家画廊有限公司印章。

的农村既有相同处，也在细节上有许多不同。可能也正是这个原因，在 19 世纪，浪漫派风景画在英国得到了很大发展。

　　长期以来，法国一直是欧洲艺术的中心，法国的绘画艺术领先于欧洲其他国家，欧洲各地的画家都要在巴黎的画廊或者沙龙里经历"洗礼"，才能成名成家。相对而言，英国的绘画发展晚于法国，但在风景画的领域，英国的发展虽晚，却后来居上，反而对法国的绘画产生了影响。在 19 世纪英国的风景画家中，以透纳和康斯特布尔最负名气。

第三部分 外国书画

　　透纳的名作《特美拉尔战舰被拖往船舶解体场》，背景是金色的夕阳余晖，水面被夕阳染得通红，预示着曾经的英雄战舰即将寿终正寝。夕阳、大海、海滩，以及海天之间多姿多彩的大气，构成了一幅雄浑的画面，营造出英雄迟暮的壮美景观。

我和夫人寿瑞莉收藏了一本英国国家画廊的画册《英国绘画》，上面盖着国家画廊有限公司的印章。位于英国伦敦市中心特拉法尔加广场正北方向的英国国家画廊，成立于 1824 年。成立之初，这里只收藏了包括 9 幅英国绘画作品在内的 38 幅画作。到了 1897 年，国家画廊收藏的英国绘画增至 500 余幅。同年，泰特美术馆成立，其职能主要是收藏英国绘画，大部分英国画家的主要作品由国家画廊转到泰特美术馆，但国家画廊仍在继续收藏一些别具一格的英国绘画，透纳的《特美拉尔战舰被拖往船舶解体场》和康斯特布尔的《干草车》，就是英国国家画廊的馆藏珍品，已在英国国家画廊向公众展示逾百年。

　　《特美拉尔战舰被拖往船舶解体场》描绘的是英国皇家海军退役的特美拉尔战舰 1838 年的最后一次出航。此次出航不是出征，而是被一艘拖船拖往船舶解体场，是一次纯粹的死亡之旅。特美拉尔战舰是一艘重型战列舰，设计于法国大革命时期，曾在 1805 年英国海军将军纳尔逊打败拿破仑舰队的特拉法尔加海战中立下赫赫战功。1838 年，由于老旧失修，状况恶化，特美拉尔战舰退出现役，被拖往船舶解体场。

　　透纳的这幅名作背景是金色的夕阳余晖，水面被夕阳染得通红，预示着曾经的英雄战舰即将寿终正寝。特美拉尔战舰和拖船占据了画面左侧，与色彩厚实的拖船相比，庞然大物一般的战舰色彩单薄轻飘，显得虚无缥缈，但它的桅杆仍然高傲地直直竖着。夕阳、大海、海滩，以及海天之间多姿多彩的大气，构成了一幅雄浑的画面，营造出英雄迟暮的壮美景观。

　　作为英国风景画首屈一指的代表人物，透纳出身于一个理发师家庭，自幼贫寒，但很小就显露出绘画天赋，通过卖画获得了经济自立。在英国皇家美术学院，透纳从年轻时就平步青云，24 岁成为副院士，27 岁成为院士。透纳被认为是西方艺术史上第一流的色彩大师，他喜欢在色彩搭配上标新立异，以达到光辉夺目

第三部分　外国书画

257

　　康斯特布尔的《干草车》参加 1824 年的巴黎美展，获得金奖，并影响了法国的风景画家。《干草车》最初名叫《正午风光》，描绘"清水与正午"的风景。画面左边的小屋与画面主体的天空、田野、溪流形成对应，溪流画得比实际要宽，造成了较大的反光面，使画面正中的干草车有了更大的背景空间，通过水平构图营造出静谧的田园气息。

的效果，反映出宏大和悲壮的景象。透纳还喜欢用很长的标题称呼自己的作品。他曾经把自己绑在桅杆上整整四个小时，任由暴风雨抽打，目的既是为了观察暴风雨，也为了体验暴风雨来临时的恐怖。后来画出的作品标题是《暴风雨——汽船在港口的浅水上打信号，接受导航。作者在暴风雨中，时值"河神号"驶离哈里奇之夜》。到晚年时，透纳的名声有所下降，但19世纪一位著名的艺术评论家拉斯金在他的《现代画家》中称，透纳的"风景画已超过古代所有的大师"。

透纳与康斯特布尔齐名，但因性格不合，他们从来没有成为好朋友。透纳喜欢游历四方，而康斯特布尔一生中几乎没有离开家乡，康斯特布尔的绘画也取材于家乡的山山水水，可以说，英国乡村风景造就了这位世界级的风景画大师。通过对大自然的细腻观察，康斯特布尔用明快大方的色彩，在大幅作品中创造了清新活泼的风格，从而开创了艺术家们描绘自然的新高度。

《干草车》最初名叫《正午风光》，康斯特布尔的目的是在画中描绘"清水与正午"的风景。画面左边的小屋被称为威利·洛特小屋，曾经被许多英国绘画反复描绘。一位名叫洛特的农民曾在那儿住了80多年，几乎没有外出。直到今天，这座小屋仍然存在。在《干草车》中，左边的威利·洛特小屋与画面主体的天空、田野、溪流形成对应。康斯特布尔把溪流画得比实际上要宽，从而造成了较大的反光面，使画面正中的干草车有了更大的背景空间，通过水平构图营造出静谧的田园气息。

在1824年的巴黎美术展览上，《干草车》获得金奖，轰动了欧洲美术界。康斯特布尔长期不受重视的命运也得以改观。法国著名画家德拉克洛瓦受到《干草车》的启发，重画了自己的作品。不久，康斯特布尔的画影响到一批数量不大却很重要的风景画家，后来人们把他们称为巴比松画派。

在有生之年，康斯特布尔与透纳一样，为了使风景画从一个小的艺术流派成长壮大，获得与历史画的同等地位而奋斗不息。1829 年，康斯特布尔被选为皇家学院正式会员，其作品得到了英国官方的认可。晚年，在总结自己一生的艺术理念时，康斯特布尔提出，"绘画"就是"生活"这个词的另外一种表达方式。

　　《英国绘画》是系列的"英国国家画廊馆藏目录"之一，这个系列还包括《1400 年前的早期意大利画派》《15 世纪的荷兰画派》《16 — 19 世纪的荷兰画派》《17 世纪的法国绘画》等。《英国绘画》的编者朱迪 · 埃杰顿曾经担任泰特美术馆负责英国画派的副馆长，是研究英国绘画的权威专家。

　　今天，风景画已经被公认为一个大的绘画种类。回想透纳和康斯特布尔等风景画家在近 200 年前的不懈探索，以及他们为风景画获得历史地位而付出的努力，我们不得不赞赏，他们把握这一历史必然趋势的眼界与勇气，因为人类始终是自然的创造物，人生活在自然当中，把自然的造化与人的创造结合起来，形成风景画，既能使人产生视觉美，又能展示人在自然中的位置。欣赏风景画，实际上就是欣赏人类自己。

莫奈：水光花影间的印象大师

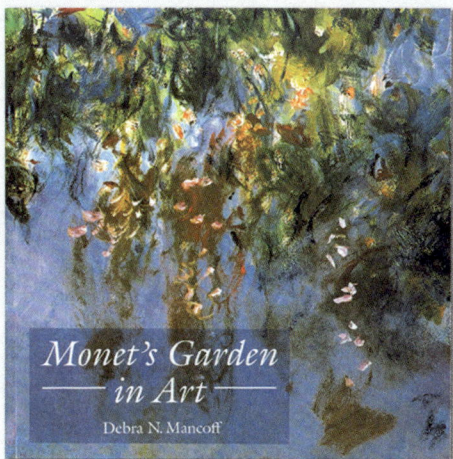

《艺术中的莫奈花园》

　　今天，人们谈论现代绘画，常常从法国印象派绘画说起，因为法国印象派绘画掀起了现代绘画的第一个高峰，在印象派之前，画家们致力于写实，在印象派之后，写虚开始大行其道。但是，所谓印象派的写虚，并不是真的"虚"，而是与真实的物体、人物相对的光线。因此印象派的写虚，从某种意义上说，是对光线的写实。正是从对光线的探索开始，绘画逐渐摆脱写实的框架，越来越虚，越来越抽象。

　　谈到现代绘画的鼻祖印象派，首先就必须提到莫奈，因为印

FONDATION CLAUDE MONET

GIVERNY
www.fondation-monet.com

吉维尼莫奈基金会的贴标，贴标正中，就是一朵盛开的睡莲。

莫奈《戴贝雷帽的自画像》（1886 年）

象派的名字广为流传，就源于莫奈的著名画作《日出·印象》。

最初，印象派画家的主体是一些聚集在咖啡馆里谈论艺术、喜欢标新立异的年轻人。莫奈既是咖啡馆聚会的常客，又与一些志同道合的朋友在画家格莱尔的画室中结成比较紧密的艺术团体。1872 年，莫奈创作了《日出·印象》，描绘的是从远处观望阿弗乐港口晨雾中日出的景象。1874 年 3 月 25 日，印象派画家举办的第一次联合展览开幕。4月25日，评论家勒鲁阿在《喧噪》杂志发表了一篇讽刺此次画展的文章，对参展的许多作品进行了批评，尤其是针对莫奈的《日出·印象》写道，"糊墙花纸也比这海景更完整"。勒鲁阿甚至将文章标题就定为《印象派展览》。从此，"印象派"成为这些画家的标签，而莫奈和他的《日出·印象》也名声鹊起。

在当时，印象派最关心的是，如何把物体表面光照的持续变化表现出来。莫奈和另一位印象派画家雷诺阿甚至曾经同时在某个地方观察水面光线，肩并肩地画下同一个景色，以便研究水面反光的画法。对于印象派，有评论家指出，"印象"是客体在画家眼中的形象，以及画家企图抓住的空气特质。还有评论家指出，艺术家不是画景色或人物，而是画一天中某个时间的印象。

1883 年，43 岁的莫奈来到距离巴黎 80 公里的小镇吉维尼。他先是租住，继而买下租住的庭院与花园，并起名为"花园"。1893 年，他又买下不远处隔着一条铁路的一片土地，并借助当地水系，建起一片池塘，称为"水园"。定居于此后，莫奈再也没有迁居，直到 1926 年去世。在这儿，他留下了大量作品，淋漓尽致地展现了印象派绘画的艺术魅力。

因为爱好艺术，每次出国访问，我都尽量抽出时间去参观当地的艺术胜地。2001 年 7 月，我到法国访问，就曾在时任驻法大使吴建民的夫人施燕华陪同下来到吉维尼小镇。吉维尼处于辽阔的麦田、茂密的树林环抱中，是一个充满乡村气息的小镇。一幢

第三部分 外国书画

藏書紀事憶人

莫奈钟爱日本绘画艺术。他在"水园"池塘上模仿日本绘画中的桥（①），建造了一座日本桥。他经常在桥上欣赏"水园"的风景（②），并且画了一系列日本桥的油画（③、④、⑤），生动反映出他对光线及水纹波动的细腻观察。2001年7月，作者访问法国时到莫奈故居参观，在"水园"的日本桥上留影（⑥）。

幢造型别致、色彩缤纷的住宅掩映在鲜花丛中，人们悠然地过着田园诗般的生活。

莫奈的故居是一座粉红色和绿色相间的住宅，这里花草缤纷，色彩斑斓，郁郁葱葱，生机勃勃。"水园"内，精致小巧的池塘、模仿日本绘画中的日式小桥，还有多次出现在莫奈笔下姿态无限的睡莲，构成了一幅如诗如画的景观。

莫奈的故居很好保持着画家当时的生活特色，客厅、卧房、餐厅是米黄色的，厨房以浅蓝色为主。给我留下很深印象的，是挂满房间的日本浮世绘，有花鸟，有人物。莫奈最早受到浮世绘影响，是1871年在阿姆斯特丹。后来，莫奈曾说，日本绘画的精致，使他欣喜。其实，不仅莫奈，那个年代的许多印象派画家，都受到日本绘画的影响。

"水园"里，也留下了日本绘画的痕迹。横跨在水园中的一座小桥，名字就叫日本桥，是莫奈根据图画中的日本小桥建造的。莫奈曾经以日本桥为对象，画了许多油画，探索了池水以及花草光影的绘画表现手法。

这些以日本桥为中心的绘画，构成了一套新的"组画"。"组画"是莫奈创作的一个重要方式。所谓"组画"，就是画家在大致相同的一个位置，面对同一物象，在不同时间、不同光照下，画出多幅作品。早在1890至1891年间，莫奈就对同一个干草垛，在不同季节的早晨、午间、傍晚的阳光下，画了

晚年的莫奈，最著名的代表作是一系列关于睡莲的油画。这些
睡莲，在波光变幻的水面上展现出不同的姿态，成为印象派绘画的
一座高峰。

不少于 15 幅油画。后来又有了"白杨组画"、"鲁昂大教堂组画"、"日本桥"组画等。而莫奈最有名的"组画",也是最后的"组画",则是《睡莲》。

1900 年底,莫奈首次公开展出 13 幅睡莲绘画。从那以后,睡莲在莫奈笔下所占比重越来越大。开始的时候,背景里还有河岸以及岸上的日本桥。后来,画面里往往只有水面上的睡莲以及睡莲间隙反射的天光。1909 年,他再次公开展出 48 幅睡莲,令公众大为赞叹。

在莫奈沉醉于睡莲创作的过程中,打击接二连三。首先是他的妻子去世了。紧接着,他被诊断出右眼患有退化性白内障,视力大为衰减,几次手术后,他的双目辨别颜色的能力变得混乱不堪,有时不得不依赖颜料锡管上所标字母辨别颜色。但就在这样的困境中,莫奈以巨大的热情,全身心地投入到睡莲的创作中。为了完成四幅连成一体的巨型壁画,莫奈专门建起新的画室,架起 3.66 米长、1.83 米高的巨大画布,同时安装了特大画架。1922年 4 月 12 日,莫奈将这四张一组、历时 20 多年创作完成的《睡莲》组画捐献给法国。这时候,莫奈的身体已经极为虚弱。1926年 12 月 25 日,这位将整个生命奉献给光与影的画家,以 87 岁高龄离开了人世。

在施燕华的陪同下,我在莫奈故居仔细地参观游览。历历在目的,都是这位老画家对于绘画艺术的热爱与全身心奉献。而我对印象派绘画的理解,也通过这次参观得到了深化。2010 年 6 月8 日,我的一位朋友从法国给我带来一本画册《艺术中的莫奈花园》,上面贴着吉维尼莫奈基金会的标志,标志正中,就是一朵盛开的睡莲。

梵高：坎坷中激励乐观明亮的绘画激情

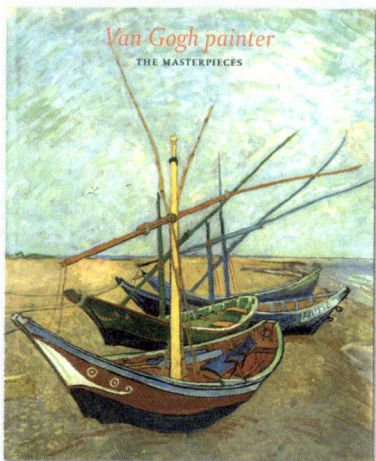

《梵高》

在我家院子里，我的夫人寿瑞莉靠墙种着一溜郁金香。开始的时候，种的是国内培育的品种，但一直长得不好。后来，人们推荐说，还是要种荷兰引进的品种。我们就想办法找来了荷兰进口的郁金香种子。第二年春天，这些郁金香果真开得美丽无比。虽然只有很窄的一小块地方，但也让我想起荷兰——一个带有东方色彩的西方国家。

不可否认，荷兰是西方资本主义的重要发源地。早在 16 世纪后期，起义的荷兰人就宣布从西班牙国王的统治下独立。这被

For General Xiong Guanghai,

07 April 2010

荷兰阿姆斯特丹梵高博物馆馆长阿克塞尔·鲁赫在《梵高》画册上的签名。

许多历史学家称为是世界上第一个 "赋予商人阶层充分政治权利的国家"。1602 年，荷兰东印度公司成立，开始了荷兰的全球商业霸权。到 17 世纪中叶，荷兰东印度公司已经拥有 15000 个分支机构，贸易额占到全世界总贸易额的一半，成为名符其实的海上霸主。在东方，荷兰就曾占据台湾，垄断了日本的对外贸易。

我和夫人寿瑞莉在驻外工作期间，曾经到过荷兰。当时突出的印象，是这儿的东方色彩。骑自行车的人川流不息，时不时地还能看到有人穿着布鞋，这些都异于典型的欧洲国家。当然，荷兰还有自己的独特景观，美丽的大风车、漫长的堤坝、商铺里琳琅满目的木拖鞋，还有各种各样、鲜艳美丽的郁金香，都使荷兰成为令人向往的旅游目的地。

要说荷兰最重要的艺术家，恐怕非古典主义时期的伦勃朗和现代主义时期的梵高莫属了。巧合的是，这两位荷兰籍画家都喜欢自画像。伦勃朗在 40 多年绘画生涯中，留下了 100 多幅自画像，通过自画像，把自己的生活像自传一样记了下来。梵高的绘画生涯仅 10 年，但他在仅仅 3 年半的时间里就画了 42 幅自画像，通过梵高的自画像，我们可以研究他的心理历程。

我和夫人寿瑞莉收藏了一本荷兰阿姆斯特丹梵高博物馆馆长阿克塞尔·鲁赫签名的梵高画册。梵高博物馆位于阿姆斯特丹市内，主要藏品是梵高的弟弟提奥收藏的梵高绘画 200 幅、素描 500 幅，以及梵高写给提奥的 850 多封信件，是世界上收藏梵高作品数量最多的博物馆。阿克塞尔·鲁赫是德国人，曾在德国、英国、加拿大、荷兰攻读学位，1999 年任伦敦国立博物馆荷兰画馆馆长，自 2006 年 4 月起担任梵高博物馆馆长，同时他还兼任海牙全景画博物馆馆长。这本画册是我和夫人寿瑞莉在荷兰的朋友买到后又想方设法请鲁赫签了字，于 2010 年 6 月托人带给我们的。

许多画家在其艺术生涯中都历尽坎坷，梵高就是这方面的典型。他的生平、性格特点、绘画风格、死亡过程，以及身后成名过程都大起大落、充满戏剧性。有人曾经评价毕加索，说他无论做什么事情，都取得了成功，达到了顶尖水平。那么，梵高则走到了另一极端。梵高一生中，几乎做任何事情，结果都是失败。早年他在画店当学徒，结果被解雇；学习传教，却没有取得牧师的任命；尝试非正式传教，但因为过于热情而被教会开除；几次向人求婚，没有一次获得成功。梵高就是在这样的坎坷中走上了艺术之路。

梵高只活了 37 年，正式绘画只有 10 年，其中，正式进行艺术创作只有 5 年，处于艺术巅峰的时间只有 2 年半。而就在这 2 年半的时间里，他创作了无论数量还是质量都极为惊人的绘画作品。有评论家指出："梵高用全部精力追求一件世界上最简单、最普通的东西，这就是太阳。"梵高的一生，确实很容易让人想起古希腊神话里那位为了追求光明，不惜扑进太阳燃烧自己的伊卡洛斯。梵高用自己不屈不挠的屡败屡战，燃烧自己，从而变成

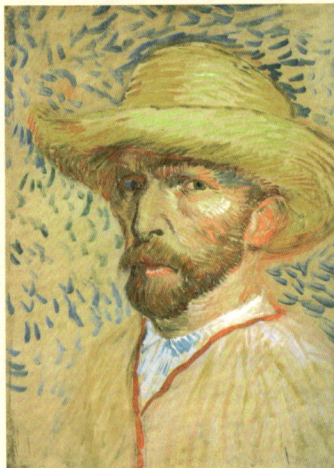

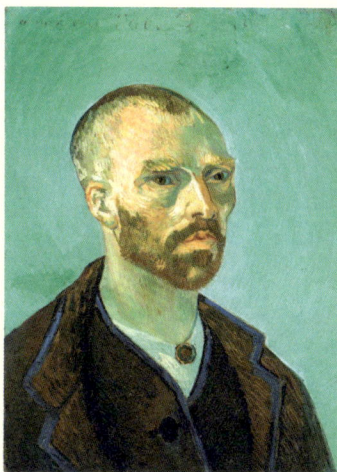

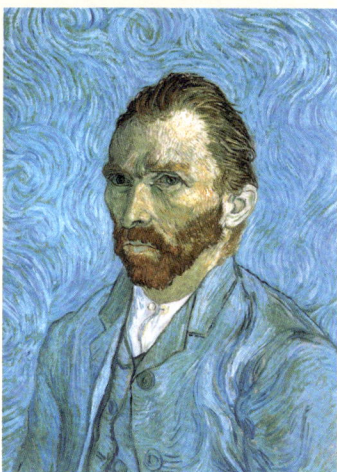

梵高自画像。在西方油画史上，同样出生于荷兰的伦勃朗和梵高，被认为是自画像最多的两位画家。伦勃朗在40多年绘画生涯中，留下了100多幅自画像。梵高的绘画生涯仅10年，但他仅仅在3年半的时间里就画了42幅自画像，其创作自画像的密度堪称世界之最。通过梵高的自画像，我们可以研究他的心理历程。

　　《播种者》(1888)。《播种者》是梵高的后期代表作之一。在给弟弟提奥的信中,梵高这样描述这幅油画:翻耕的田野里,一块块紫色的土地,一直向天边伸延;播种者用蓝、白色画成;地平线是一片低矮成熟的玉米地;天空一片黄色,点缀着黄色的太阳。虽然梵高的一生穷困潦倒,充满坎坷,但在他笔下的颜色却异常地明亮欢快。欣赏梵高的绘画,不应该仅仅猎奇式地寻找梵高绘画背后的特殊人生经历,而应该理解与歌颂梵高对明朗与灿烂的人生境界全力以赴的追求。他的追求真实、简朴,色彩浓烈,散发着火一样的热情,并且带有深刻的悲剧意识,能够让人情不自禁地被那激动人心的画面效果所吸引、震撼。

了艺术史上的一座灯塔。

因此，我认为，欣赏梵高的绘画，不应该仅仅猎奇式地寻找梵高绘画背后的特殊人生经历，而应该理解与歌颂梵高拨开生命中的阴郁，全力以赴追求明朗与灿烂的人生境界。他仿佛要用欢快的歌声来安慰人世的苦难，以强烈的理想和希望表现阳光的鲜艳色彩、向日葵的蓬勃生机，甚至太阳本身。他历尽坎坷，但热爱生活，向往光明，追求真实，追求简朴。他的绘画，笔触大胆，色彩浓烈，散发着火一样的热情，并且带有深刻的悲剧意识，能够让人情不自禁地被那激动人心的画面效果所吸引、震撼，从而沉浸其中，达到心灵净化的效果。正如梵高自己所说："我愈想愈觉得，没有什么东西比热爱人民，更具有艺术性了。如果一个人从事的工作有远大的前景，如果一个人看到他的创作具有生机勃勃的动因，并绵延不断，经久不衰，那么他就会更加心安理得地去创作。"

第三部分 外国书画

俄罗斯巡回画派：与广袤的大地共同呼吸

《国立特列季亚科夫画廊：12世纪—20世纪的艺术》

1960 年，我第一次踏上俄罗斯大地。那一年，我受命到民主德国首都柏林工作，我选择了横跨欧亚大陆的铁路旅行。列车从满洲里出境，绕道贝加尔湖，穿越西伯利亚，抵达莫斯科后再由白俄罗斯的布列斯特出境，横穿波兰，最后进入德国。这段漫长的旅程将近 9 天 9 夜。沿途景色，美不胜收，令人目不暇接。这次旅行使我对俄罗斯的丰饶和广袤有了直观感受。由于工作关系，当年我又第二次途经俄罗斯，再次感受到俄罗斯大地的广阔无垠。

我们这一代人都对俄罗斯有着特殊的记忆。从普希金、托尔斯泰、高尔基等俄罗斯作家的作品里，我们受到了文学的滋养；

从芭蕾舞《天鹅湖》里，我们受到了艺术的熏陶；从《钢铁是怎样炼成的》一书中，我们受到了革命意志的教育。军事上，俄罗斯曾经在19世纪和20世纪分别打败过不可一世的拿破仑和希特勒，创造了人类战争史上的光辉篇章。

一方水土养一方人，俄罗斯的文学艺术有着浓厚的俄罗斯特色。俄罗斯绘画也是如此。欣赏俄罗斯绘画，我常常想到苏联电影《大马戏团》的片尾曲《祖国进行曲》："我们祖国多么辽阔广大，它有无数田野和森林。我们没有见过别的国家，可以这样自由呼吸。"俄罗斯的文艺精神，就蕴藏在它辽阔广大的国土当中。

刚刚改革开放的时候，许多中国朋友到俄罗斯，一项重要的活动就是来到莫斯科河畔，购买当地艺术家出售的油画。那时候，俄罗斯的油画很便宜，往往几十美元就能买到一幅相当精美的油画，物超所值。现在我的家里挂的许多俄罗斯油画，都是那个时候买的。据说，近几年，俄罗斯跳蚤市场上的油画价格已经大幅上涨，有的甚至要卖到上千美元。即便如此，我仍然认为，如果你买下自己特别喜欢的俄罗斯油画，一定还是物有所值的。因为一代代俄罗斯画家们以其独特的而又具有共同性的艺术风格，创造了自成一派、独树一帜的俄罗斯绘画。

我有不少俄罗斯朋友，俄罗斯前总理普里马科夫就是其中之一。有一次，我与他见面，分别时互赠礼品，他赠送给我一小幅油画，只比巴掌大一些。他对我说："我知道，你们中国人收了礼品要上交。这幅画这么小，我请你就别上交了。"我笑着表示感谢并作了允诺。今天，这幅小画就挂在我的家里。

我和夫人寿瑞莉收藏了一本俄罗斯国立特列季亚科夫画廊的画册，上面有"俄罗斯联邦文化部国立特列季亚科夫画廊"的印章，以及副馆长莉迪娅·伊奥芙列娃的签名。20世纪以前俄罗斯绘画风格的形成大体上分为三个时期：17世纪前，古俄罗斯艺术在借鉴拜占廷文化的基础上初步形成；整个18世纪，俄罗斯

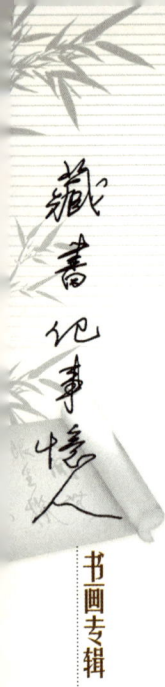

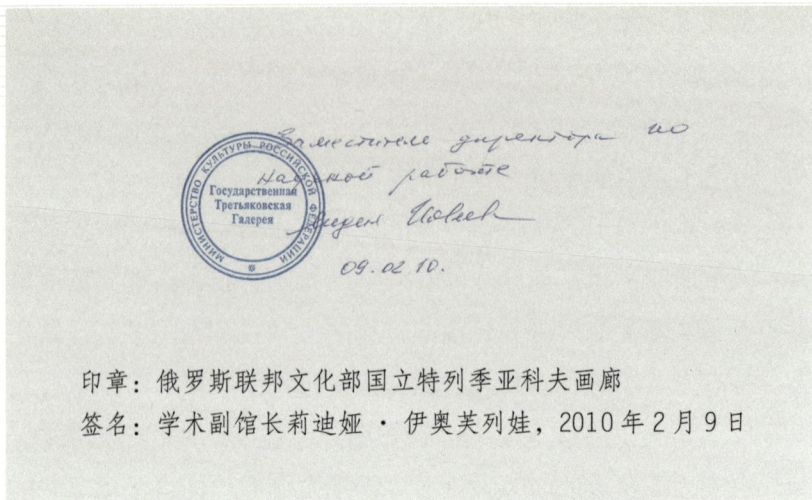

印章：俄罗斯联邦文化部国立特列季亚科夫画廊
签名：学术副馆长莉迪娅·伊奥芙列娃，2010年2月9日

艺术一面摆脱宗教的约束，一面与国家现实生活联系起来；19世纪上半期，奠定了俄罗斯民族艺术。我收藏的这本画册，主要收录的是12—20世纪初的俄罗斯艺术，较完整地反映了俄罗斯民族绘画发展的整体面貌。

位于莫斯科的特列季亚科夫画廊被认为是目前世界上收藏俄罗斯绘画作品最多的艺术博物馆。19世纪俄罗斯著名的艺术品收藏家和画家赞助人特列季亚科夫于1856年创办了这家画廊，并于1892年将画廊连同所有藏品捐赠给国家。目前，画廊共有藏品13万件，包括11世纪到20世纪的作品，藏品中，17、18世纪的俄罗斯圣像画，18、19世纪的俄罗斯著名画家的作品，以及苏联时期许多画家的作品都比较齐全。这本画册中，俄罗斯巡回画派的一些作品特别值得一提。

1870年，一些莫斯科的画家倡议成立全俄巡回艺术展览协会。这个倡议也得到了圣彼得堡的画家们的积极响应。当年11月2日，协会成立。1871年10月28日，第一次巡回艺术展览协会画展在圣彼得堡开幕，取得巨大成功。此后几乎每年都有一次巡回展览，地点遍及俄罗斯各地。协会于1923年解散，共存在53

年，举办了 48 次展览。巡回画派以车尔尼雪夫的美学原则为指导，力图真实地表现俄罗斯的社会生活。它与俄罗斯当时的文学、戏剧、音乐相配合，推动了 19 世纪与 20 世纪之间的波澜壮阔的批判现实主义潮流，也为俄罗斯的革命事业作出了巨大贡献。

我和夫人寿瑞莉收藏的特列季亚科夫画廊画册封面上，是巡回画派重要领导人克拉姆斯柯依的油画名作《无名女郎》。克拉姆斯柯依出身于一个贫寒的市民家庭。一个偶然的机会，克拉姆斯柯依考入圣彼得堡皇家美术学院，在学习绘画艺术的同时，他接受了革命思想，成为批判现实的学生领袖。1863 年夏，克拉姆斯柯依带领一批同学，违背校方命令，坚持按照个人的艺术特长自由创作毕业作品，结果与校方产生冲突，克拉姆斯柯依与其他学生毅然离校。离校后，克拉姆斯柯依与同学成立"圣彼得堡自由美术家协会"。后来，他又参与领导了巡回画派，成为一位伟大的革命画家。

《无名女郎》创作于 1883 年，画中的主人翁究竟是谁，至今仍然是一个谜。但克拉姆斯柯依在这张画中成功运用了一种新的风格，即将肖像置于主题性的情节当中，蓝色裘皮外衣、敞篷马车，以及背景中的圣彼得堡著名的亚历山大剧院，使画中人物显得神秘而高贵，充满故事性，体现出坚毅果断、充满青春气息的俄罗斯少女气质。

《近卫军临刑的早晨》是巡回画派另一位杰出画家苏里柯夫的代表作。苏里柯夫是在圣彼得堡皇家美术学院当旁听生又转为正式生，从而走上职业画家道路的。1881 年，在巡回画派第九次展览中，《近卫军临刑的早晨》引起轰动，苏里柯夫也一举成名。这幅画表现了彼得大帝 1698 年在克里姆林宫广场处死叛乱的近卫军的历史事件。整幅画共有 60 多个人物，大致可分为三组，一是彼得大帝；二是待处决的近卫军；三是近卫军的亲人。画面中心是一些或者号啕大哭，或者抱头饮泣，或者垂头愤懑的近卫

克拉姆斯柯依油画《无名女郎》（1883）。

　　苏里柯夫油画《近卫军临刑的早晨》（1881）。画中彼得大帝表情愤怒，但又隐含着对近卫军密谋叛乱的痛苦。与痛苦万分的亲人相比，临刑的近卫军大都表情平静，毫无惧色。其中一位红头发的近卫军坐在大车上手持蜡烛，与骑在马上的彼得大帝的视线遥相呼应。

列宾油画《托尔斯泰肖像》（1887）。

2009年3月，作者参观圣彼得堡俄罗斯国家美术馆时，在列宾油画原作《伏尔加河上的纤夫》前留影。

军亲人，他们表现出强烈的感情色彩。与之形成鲜明对比的，是彼得大帝与近卫军平静而又微微愤怒的表情。彼得大帝的表情平静而愤怒，反映出他对改革的决心，以及他不得不处决近卫军的痛苦。近卫军的表情平静而愤怒，反映出俄罗斯士兵信念坚定、视死如归的精神。整个画面充满真实感与历史感，被赞誉为"第一幅俄国的历史画"。

著名俄罗斯画家列宾也是巡回画派的代表人物。在我国的中学课本中，收录了关于列宾油画名作《伏尔加河上的纤夫》的文章。这使列宾在中国广为人知。2009年3月，我到俄罗斯参加学术交流活动，主办方邀请我们游览圣彼得堡的俄罗斯国家美术馆，我还专门来到《伏尔加河上的纤夫》原作前观摩。收入特列季亚科夫画廊画册中的列宾作品，是他的另一幅名作《托尔斯泰像》。

1880年10月的一个傍晚，列宾结识了俄罗斯文豪托尔斯泰。当时，托尔斯泰参观了列宾的工作室，对正在创作中的《礼拜行列》《扎波罗日》大为赞赏。1887年，列宾应邀访问托尔斯泰的亚斯纳亚波良纳庄园。在这里，列宾在很短时间里完成了《托尔斯泰像》。画中的托尔斯泰掩卷沉思，专注的神态以及具有穿透力的目光，反映了作家深邃的精神世界。列宾一生中画过数幅托尔斯泰肖像，但在1887年创作的这幅最为成功，也最有名。

与法国相比，俄罗斯油画发展较晚，但很快迎来蓬勃的爆发期，形成了富于民族特色的绘画派别。巡回画派就是俄罗斯油画爆发期的产物，是与人民息息相通、根植于广袤俄罗斯大地的艺术流派。我和夫人寿瑞莉都喜爱俄罗斯油画。无论是风景画、肖像画，还是战争、历史场景的绘画，我们都喜欢。翻看特列季亚科夫画廊画册，仿佛是走进了俄罗斯的历史画廊；细细观摩巡回画派的代表性作品，仿佛是对俄罗斯苦难而辉煌的历史作了一番美的巡礼。

毕加索：偶遇水墨风格斗牛图

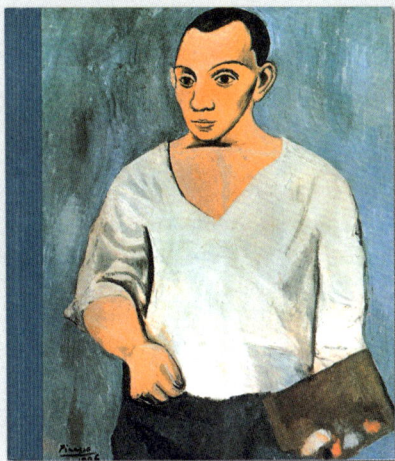

《毕加索》

　　提到毕加索，首先想说一个故事：毕加索为某先生画像，用了数天时间，画出一幅立体主义的抽象画，但这位先生很不满意，觉得不像，丑化了他的形象。毕加索说："好吧，那我给你画个像的。"于是寥寥数笔，很快画出一幅传统的素描肖像画。这位先生非常喜欢，伸手来接，没想到毕加索随手就把这幅新画的素描撕了。毕加索说："这恰恰是我认为没有价值的。"

　　这个故事说明两个道理：第一，在毕加索的时代，原原本本、忠实客观的现实主义绘画已经不受推崇；第二，抽象风格的现代

绘画，仍然需要掌握扎实的写实功底。

毕加索是 20 世纪最负盛名的西方画家。1999 年 12 月，法国一家报纸曾经进行一次民意调查，毕加索以 40% 的高票当选为 20 世纪最伟大的十位画家之首。他还是历史上第一位活着的时候就有作品被法国卢浮宫收藏的画家。

我最早知道毕加索，是他在 20 世纪中叶创作的《和平鸽》。当时，世界刚刚经历了第二次世界大战的创伤，我国刚刚取得解放战争的胜利，建立了新生的人民共和国，和平成为全世界人民的共同向往。1949 年 4 月，由世界文化工作者国际联络委员会、国际民主妇女联合会以及 17 个国家的 75 位著名人士联合发起，"第一届世界保卫和平大会"在巴黎和布拉格两地同时举行，72 个国家的代表出席大会。为了表达人们捍卫和平的决心，毕加索于 1949 年 1 月 9 日创作了《和平鸽》。很快，这幅作品被张贴在世界各地的墙上和宣传栏内，风靡一时。

《和平鸽》就是一幅非常写实主义的绘画作品。巧合的是，在我和夫人寿瑞莉收藏的画册《毕加索》中，也收录了毕加索 1890 年创作的一幅《鸽子》，当时他刚刚 9 岁。可见，《鸽子》是毕加索从小就喜爱的绘画题材。

这本《毕加索》画册购自西班牙巴塞罗那市，上面加盖了加泰罗尼亚文的"巴塞罗那市政府文化机构所属毕加索博物馆"印章。巴塞罗那是西班牙加泰罗尼亚地区的首府，以加泰罗尼亚语为官方语言。这本画册是我们的朋友于 2010 年 3 月从西班牙带回来的。

毕加索很早就显示出绘画天赋。身为美术教师的父亲，也是毕加索迈入绘画艺术之门的第一位导师。毕加索年谱里记载的第一幅油画作品是《骑在马上的斗牛士》，完成于 1889 年，当时毕加索只有 8 岁。从 11 岁开始，毕加索就进入美术学校接受正规美术训练。后来，他们全家搬到巴塞罗那，毕加索的美术训练一

毕加索创作于1949年1月9日的《和平鸽》。4月，他将此画送给"第一届世界保卫和平大会"。很快，这幅作品被张贴在世界各地的墙上和宣传栏内，风靡一时。这是一幅非常写实的作品。

毕加索1890年创作的《鸽子》，当时他刚刚9岁。

藏书 记事 忆人

书画专辑

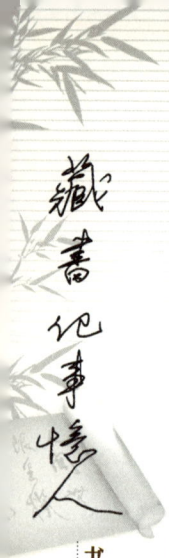

《毕加索》画册上加盖的印章，上面是加泰罗尼亚文"巴塞罗那市政府文化机构所属毕加索博物馆"。

直没有中断。因此，我们在欣赏毕加索后期的抽象主义作品时，一定不要忘记，他曾经接受了多年的正规美术训练。我认为，他的抽象，是以写实为根基的。

毕加索生于 1881 年，卒于 1973 年，享年 92 岁。在漫长人生中，他的艺术风格经历了多次变化。对于毕加索的艺术风格变化，各种研究机构和专家的分期往往大同之中又有小异。美国传记作家哈芬顿所著《毕加索传》所附年表，将毕加索的艺术之旅分为以下阶段：1901 年开始蓝色时期，1905 年开始玫瑰红时期，1906 年对非洲和东方艺术开始感兴趣并进行立体主义探索，1909 年开始分析立体主义探索，1912 年开始综合立体主义探索，1919 年开始新古典主义创作，1923 年开始以自然主义画肖像，1924 年开始与超现实主义运动往来，1945 年开始创作石版画，1947 年开始制作陶器。从上面的分期可以看出，毕加索的艺术之路既有前进，又有反复，既别开生面地探索新领域，又从古代、从异域寻求灵感。难得的是，无论在哪个领域里，毕加索都达到了最高水平，成为这一时期的艺术代表人物。

2009 年 10 月，作者在夏威夷访问，恰巧看到一间画廊里售卖的毕加索作品，题材虽然是西方的，但笔法和意境上充满了中国情调。

2009 年，我还有一次与毕加索绘画的意外邂逅。那年 10 月，我与一些中国老将军一起受邀访问美国，与一些美国老将军进行开放式的交流会谈。为了使交流的氛围比较轻松，美国老将军将主要会谈地点安排在夏威夷。会谈间隙，还组织我们到夏威夷最著名的瓦基基海滩游泳。游泳之后，我到海滩旁边的酒店闲逛，走进了酒店里的画廊。很意外地，画廊里居然陈列着毕加索的几幅绘画，特别令人感兴趣的是其中一幅画居然与中国的水墨画像极了。

这幅画绘于 1960 年 2 月 25 日。画的是一位骑马的斗牛士正将长矛刺进一头斗牛的颈部。斗牛莽撞地冲来，牛角前倾。斗牛士和马则用力往后绷，一面承受斗牛的冲击力，一面果断而准确地刺出长矛。整个画面动静结合，高低协调，构图完美。画面主

第三部分 外国书画

287

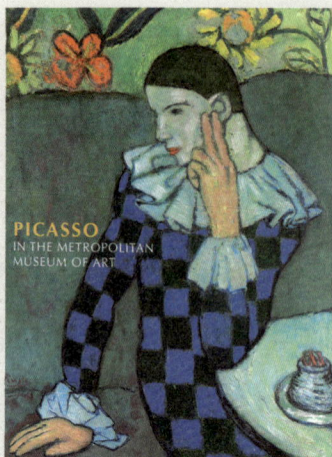

2010 年 4 月 27 日至 8 月 1 日，美国大都会艺术博物馆举办了毕加索画展，共吸引了 70 多万观众。这是展览画册。

美国大都会艺术博物馆的金色"M"贴标。"M"是英文 Metropolitan（大都会）的缩写。

With best wishes,

Thomas P. Campbell,

May 27, 2010

美国大都会艺术博物馆馆长托马斯·坎贝尔签名。坎贝尔是欧洲挂毯研究与鉴赏的专家，他所组织建立的"弗兰西斯挂毯档案"收集了 12 万件挂毯的图像资料，被认为是最权威最全面的挂毯资料数据库。

体是深墨，背景则用淡墨，既突出了主体，又营造出空间感。乍看之下，虽然不是中国传统水墨画的绘画风格，但色彩与构图，特别是其中写意的特色，都与中国水墨画有很多相似之处。

难道毕加索曾经受到中国画的影响吗？我并非艺术研究的专家，但我知道张大千曾经与毕加索有过交往。这段故事在2006年出版的《行走的画帝——张大千漂泊的后半生》中有详细记载。1956年7月29日，张大千偕夫人造访毕加索的城堡别墅，一贯被人认为傲慢而不讲究礼节的毕加索破例热情招待了他们。一见面，毕加索就拿出五大本画册，请张大千观看。这些画都是临摹的中国画，画的多是花卉虫鸟之类。张大千一看就知道是模仿齐白石的。之后的交谈中，毕加索说出一段未经核实，但在中国艺术界却广为流传的话："我最不懂的，就是你们中国人何以要跑到巴黎来学艺术？""这个世界上谈到艺术，第一是你们中国人有艺术，其次是日本的艺术，当然，日本的艺术又是源自你们中国，第三是非洲的黑种人有艺术，所以我最莫名其妙的，就是何以有那么多中国人、东方人要跑到巴黎来学艺术！"这次中西艺术巨匠的相遇，还有照片为证。

但也有专家指出，张大千与毕加索的会晤，只有张大千的一面之辞，毕加索方面没有任何记载。而此前不久，一个中国文化代表团访法，代表团成员之一、画家张仃就曾经送给毕加索一套水印的《齐白石画集》。毕加索给张大千看到的习作，可能正好是因为受到了齐白石画作的影响。但此后毕加索是不是继续研究中国绘画技法并付诸实践呢？也许，我看到的这幅斗牛图就是个证明。我也希望有专家能够作出一些令人信服的学术性研究。

另一件令我感慨的事，是这幅画的价格居然只有5000多美元，折合人民币也就是3万多元。原来世界顶级画家的非著名作品，价格并不那么昂贵。这与当前国内看到的书画拍卖价格急速攀高的新闻对比，反差实在是太大了。

第三部分 外国书画

289

黑白　图玛德：中埃友谊的桥梁

《"人民友好使者"埃及著名
画家黑白、图玛德艺术生活
及作品回顾展图集》

　　2002 年 8 月 31 日晚，一些艺术家来到北京八一大楼，参加我和夫人寿瑞莉举办的晚宴。这次宴会的主角，是一对来自埃及的艺术家夫妇黑白与图玛德。

　　晚上 6 点，客人们陆陆续续到齐，晚宴正式开始。在致辞中，我对黑白与图玛德夫妇访华表示欢迎，并特别地对他们即将举办的"艺术生活及作品回顾展"表示祝贺！当得知黑白恰巧在前一天度过 71 岁生日时，所有来宾高兴地唱起了生日快乐歌。

　　黑白与图玛德是中国的老朋友了。1953 年，他们同时毕业于

To
Mr. Xiung Guang Kai
熊光楷
and
Lady Shou rui li
寿琦荆
with best regards.
Heba Enayat 黑白
Tomader Torky 图玛德

黑白、图玛德在赠送给作者及夫人寿瑞莉的画册上的签名。

开罗艺术大学。1956 年，他们获得埃及政府颁发的高等教育奖学金，一同来到中国，进入中央美术学院学习中国画与版画。当时，新中国刚刚成立，外国留学生很少，黑白与图玛德受到热烈欢迎，中央美术学院为他们精心安排了学习课程。他们除了向李桦、黄永玉学习木刻外，还在李可染、李苦禅、蒋兆和等多位中国画名家指导下，学习中国画的山水、花鸟和人物绘画技法。

黑白与图玛德有着良好的油画功底，又触类旁通地将中国画的水墨特点与木刻技法结合起来，很快就取得可喜成绩。他们的

第三部分 外国书画

图玛德 1961 年创作的版画《亚非大团结》。

黑白笔下的中国
江南水乡。

在中国留学的 5 年里，黑白与图玛德留下了终身难忘的印象，他们也有机会与齐白石（如图）、梅兰芳等中国艺术巨匠有了交往。

导师、著名画家黄永玉称赞说，"辛劳加专注"使他们有了"令人惊讶的成绩"。当时，北京举办埃及画展，展出了他们的多幅美术作品，其中图玛德的套色木刻《亚非大团结》，被认为是中埃文化交流和中埃友谊的象征。

他们的学习生活还受到周恩来总理的关注。黑白曾在接受中国记者采访时，回忆起五次见到周总理的经过，特别是第五次，黑白与图玛德正在看电影，恰巧周总理坐在他们前面。电影结束后，周总理认出他们，与他们打招呼，还指着图玛德笑。后来，他们才想到，周总理笑的原因，可能是看到图玛德穿的中国式旗袍觉得有意思。在中国学习期间，他们还与齐白石、梅兰芳等艺术巨匠有过难忘的交往。

1961 年，黑白与图玛德以优异的成绩获得硕士学位，学成归

第三部分 外国书画

2002 年 9 月 4 日，黑白被授予"人民友好使者"称号，陈昊苏为黑白颁发证书。

国。黄永玉说他们"两个人从埃及来，三个人回埃及去，还带着满满的艺术创作"，这是因为，在留学期间，他们有了爱情的结晶，生下了一个可爱的女儿。他们还给自己的女儿取了一个中国名字：小红。

回国以后，他们继续从事艺术创作，开展艺术工作。黑白曾经担任埃及大众文化部部长和埃及南部的文化主管，获得了总统颁发的科学和艺术勋章。同时，黑白还在写作、摄影、杂志编辑等众多领域取得了成就。图玛德除了进行美术创作外，还担任过大众文化部门的艺术主管。

毕业之后的几十年里，他们回到中国的次数并不多，但他们对中国的热爱一点都没有衰减。凡是来自中国的文化艺术团组，作家、诗人、编导、演员……只要需要，他们都热情相助。我的朋友、当时的驻埃及武官曹彭龄将军曾经到黑白与图玛德家拜访，他发现黑白夫妇的家仿佛就是中国传统艺术的博物馆：李可染的一幅《雨余山色》图，边款题的是："五八年可染在课堂为黑白图玛德二同学写。"另一幅《晚凉风中看浴牛》图，题的是："黑白图玛德正"。还有一幅黄胄画的维吾尔少女和小毛驴，边款上题的是："黑白图玛德画友留念。"

我和夫人寿瑞莉与黑白夫妇相识，也是曹彭龄穿针引线的结果。那天的晚宴在友好、热烈的气氛中进行。黑白与图玛德将他们的展览图集签名后赠给我。一同出席晚餐的还有曾经担任埃及大使的杨福昌夫妇。我让人专门为杨福昌准备了当天的餐单，因为这是他的收藏爱好，他让我们在座的每一个人都在餐单上签了字。杨福昌则送给我一块从雅尔塔捡来的石头。

几天之后，2002年9月4日，"黑白、图玛德艺术生活及作品回顾展"在王府井帅府园举行，同时还举行了授予黑白"人民友好使者"称号的仪式。对外友协陈昊苏会长将奖章、证书颁发给黑白后，黑白在热烈的掌声中用地道的北京话说道："今天，我们为重回母校——中央美术学院感到由衷高兴。至于授予我'人民友好使者'称号，我既感到荣幸，又感到不安，因为我们只做了一点点应该做的事情……"

当时，我就已经知道，黑白和图玛德的身体都不太好。黑白患有前列腺癌，图玛德有心脏病。在展览开幕式上，工作人员怕黑白过于疲劳，为他端来一把椅子，但黑白婉言谢绝了，依旧同其他嘉宾一起坚持站着，直到仪式结束。后来，我听说，黑白的病情逐渐恶化了。2005年，黑白不幸因病去世。曹彭龄致函图玛德，希望她节哀。图玛德回信说：黑白虽然走了，但埃中友谊长存。没想到，2008年，图玛德也因病去世。这段中埃之间几十年的艺术之缘至此令人遗憾地画上了句号。

曼苏尔·拉希：巴基斯坦现代艺术的代表人物

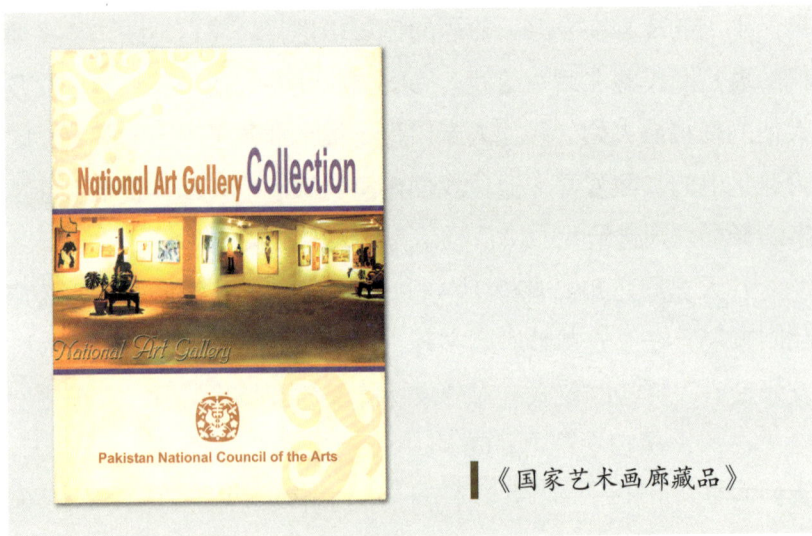

《国家艺术画廊藏品》

　　巴基斯坦是我国的友好邻邦。1950 年 1 月 5 日，巴基斯坦宣布承认中华人民共和国，1951 年 5 月 21 日两国正式建交。1959年我从大学毕业后参加工作，第一次接待外宾，就是陪同一位巴基斯坦朋友参加我国的国庆十周年庆典活动。那是我第一次有幸在天安门观礼。这位巴基斯坦朋友曾在军队工作过，因此周总理称他为将军作家。他的名字阿克巴尔·汗，还登上了当时的《人民日报》。

　　建交以来，中巴两国建立了全天候友谊，开展了全方位合作。

曼苏尔·拉希在巴基斯坦国家艺术画廊藏品画册上的签名。

两国关系的深浅，决定着两军关系的亲疏。我军与巴基斯坦军队之间有着广泛而深入的合作。在此大背景下，多年来，我由于工作关系，几次到过巴基斯坦。我曾经来到巴基斯坦首都伊斯兰堡，也曾经来到巴基斯坦最大的城市卡拉奇。我还登上巴基斯坦通往阿富汗的开伯尔山口，看到兴都库什山脉山峦起伏、丘壑纵横，阿富汗就处于这样的山地分割之中。当年英国、苏联都没有征服阿富汗，后来，以美国为首的盟军也深陷阿富汗，其中很大一部分原因就在于这里的地理情况易守难攻，部落集居地分隔孤立。

多次来到巴基斯坦的所见所闻，使我对这个南亚国家有了一些自己的认识。巴基斯坦首都伊斯兰堡背倚喜马拉雅山，面向印度河大平原，1961年开始兴建，1970年基本建成，是世界上最年轻的都城之一。这是一座美丽的花园城市，垂直相交的交通干线，把整个市区整齐地划分为大小相等的几十个区，有行政区、公共事业区、中央商业区、住宅区、工业区、大专院校区和外国使馆区等等。这里大都是现代化建筑，并具有典型的伊斯兰特色。特别是费萨尔清真寺，帐篷式的祈祷厅内没有一根柱子，所有重量都由四座高耸的宣礼塔拉起和承受，既能满足传统的宗教活动

作者（左一）1959年从大学毕业后参加工作，第一次接待外宾就是陪同巴基斯坦客人阿克巴尔·汗参加我国的国庆十周年庆典活动，并到全国各地参观。

需要，又充满现代的视觉冲击力。

与伊斯兰堡相比，巴基斯坦最大的城市卡拉奇则是另一番景象。这里繁忙、热闹，一切匆匆忙忙、生气勃勃。卡拉奇既是巴基斯坦第一大城市，又是最大的海港和军港，是全国工商业、贸易和金融中心，往来东南亚和中东、非洲、欧洲的国际航空站。传统与现代在卡拉奇以另一种景观交织在一起。这里既有古老狭窄的街巷、汇集传统工艺品的热闹集市，又有高雅时尚的现代建筑、川流不息的现代交通。

赛义德·萨迪奎因·艾哈迈德·纳克维的书法作品。纳克维自学成才，但最终成为巴基斯坦著名的书法家和画家。

作为巴基斯坦两个最重要的城市，伊斯兰堡和卡拉奇之间的异同，也反映出一个国家在文化传统与现代生活之间兼容并蓄、多姿多彩的发展趋向。

我和夫人寿瑞莉收藏的巴基斯坦国家艺术画廊藏品画册，就体现了巴基斯坦画家们在传统与现代、民族特色与世界艺术潮流之间多渠道探索、多样化发展的成果。画册收录了80多位巴基斯坦现代画家的绘画作品，均创作于20世纪。这些画家最早出生于19世纪末，最晚出生于20世纪70年代，囊括了巴基斯

第三部分 外国书画

299

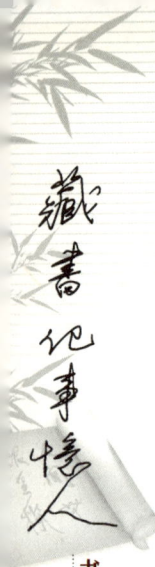

坦建国以后大部分重要画家。其中，安娜·莫尔卡·艾哈迈德（1917—1994）是巴基斯坦现代艺术的发起人之一，在巴基斯坦美术史上，她第一个带领学生进行田野写生；伊斯梅尔·古尔吉（生于1926年）曾经是著名的肖像画师，曾长期为阿富汗王室画像，但在1960年以后他转而主要从事抽象画创作，同样取得了重要成就；赛义德·萨迪奎因·艾哈迈德·纳克维（1930—1987）自学成才，但最终成为巴基斯坦著名的书法家和画家；祖蓓妲·阿迦（1922—1997）是1947年巴基斯坦独立后第一位举办个人画展的艺术家。这些画家都拥有一定的国际知名度。

在巴基斯坦，人类的艺术活动可以追溯到数千年以前的部落时期。巴基斯坦国家艺术画廊的藏品由巴基斯坦国家艺术委员会负责收藏，这些藏品的艺术形式多样，涉及油画、水彩画、版画、雕塑等，涵盖了肖像画、风景画、静物画、抽象画等多种绘画类型。巴基斯坦国家美术馆常年展出这些藏品，以展现巴基斯坦艺术的勃勃生机。

在我和夫人寿瑞莉收藏的这本画册上留着巴基斯坦著名艺术家、美术教育家曼苏尔·拉希的签名。曼苏尔1962年毕业于政府工艺美术学院，之后定居于卡拉奇，并于1965年担任新成立的卡拉奇艺术专科学校的校长。他在校长的职位上工作了十多年。作为美术教育家，他影响了一代青年艺术家。他发起的水彩风景画运动在卡拉奇及其周边地区风靡一时。

由于常年生活在卡拉奇，受到卡拉奇的现代化气息影响，曼苏尔的绘画表现出更多的现代风格。这本画册上收录的曼苏尔绘画就是一幅半立体主义的《野马》。乍看上去，与毕加索的立体主义绘画作品还真有点神似，但曼苏尔的作品更加抽象。可以想象，他通过富于变化的黑色块的堆积表现野马的粗犷与桀骜，通过跳跃的线条表现野马动作的敏捷与迅猛，通过夹杂的红色块表现驯马者的勇敢和技能。但这样的想象并不一定是曼苏尔的真实

　　曼苏尔·拉希的半立体主义绘画《野马》，通过富于变化的黑色块的堆积表现野马的粗犷与桀骜，通过跳跃的线条表现野马动作的敏捷与迅猛，通过夹杂的红色块表现驯马者的勇敢和技能。

想法，因为《野马》毕竟是一幅抽象画。欣赏抽象画，往往要靠意会，并不需要明确弄清。

　　我和夫人寿瑞莉收藏的这本画册评价曼苏尔的绘画作品说："他时常通过艺术作品描绘人类内心潜藏的原始恐惧，以及人类身处乱世时的脆弱。"还说："他致力于研究光与影的创作手法和时空交错的表现力，以求创造力与美的意境。"这些都是评价现代绘画作品的典型语言，我想，曼苏尔虽然出生于1939年，至今已经年过七旬，但他的现代派绘画风格应该可以算是巴基斯坦艺术家融入世界潮流的一个例证。

丹尼尔·梅里亚姆：水彩绘就的魔幻世界

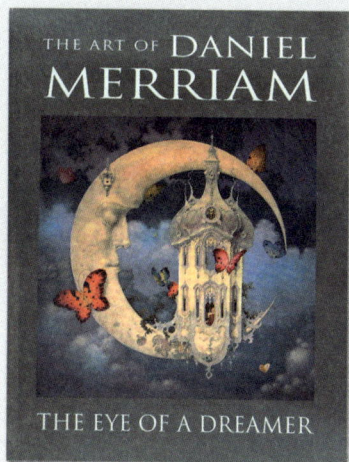

《梦者之眼》

  2010 年 10 月 2 日下午，一位从美国回国的朋友来我家探望，给我和夫人寿瑞莉带来一本画册。"画册的作者是当今美国魔幻画派的代表性人物之一，从这本画册中，您可以看到西方特色的视觉想象力。"朋友介绍这本画册说。

  西方特色的视觉想象力究竟是什么样子呢？让我们先打开画册看看吧。画册中的第一幅画《大错觉》，是一幅绘于 2003 年的水彩画。画面正中，一位马戏团小丑模样的人端坐在中世纪风格装饰的墙头上，怡然自得地吹着笛子，在小丑的两旁，各有一只

第三部分 外国书画

303

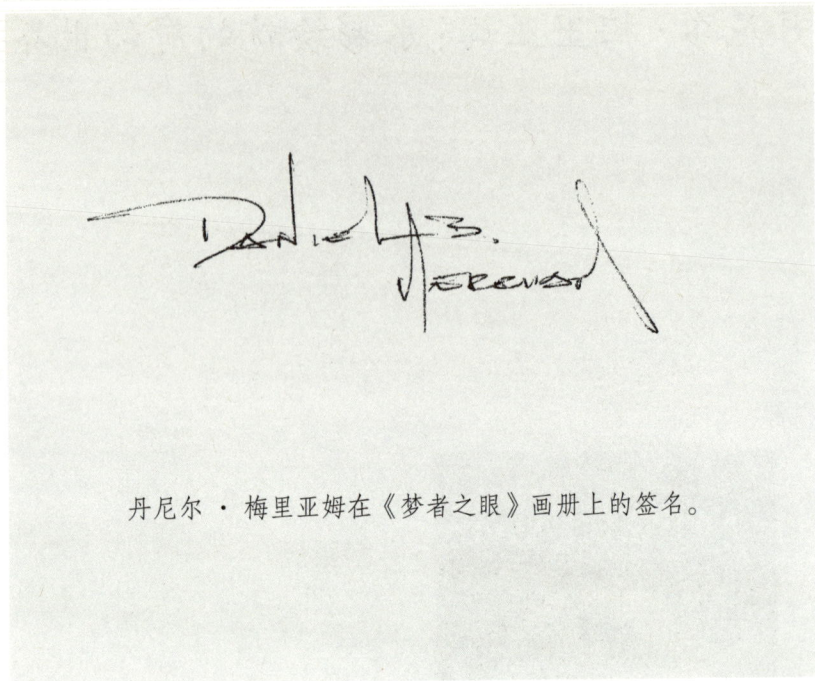

丹尼尔·梅里亚姆在《梦者之眼》画册上的签名。

老鼠，头顶上还有一只云雀。

这幅画很容易让人想起著名的德国民间故事《哈默林的花衣吹笛人》：德国一个叫做哈默林的小镇，受到鼠患困扰。一个身穿花衣的吹笛人，用笛声把老鼠全部诱出，老鼠疯狂起舞，然后全部跳进河里淹死了。鼠患解除后，哈默林的市长自食其言，没有兑现允诺给花衣人的奖励，花衣人就又吹奏笛子，把全镇的孩子吸引出来，与孩子们一同消失在大山深处，再也没有回来。

这是一个典型的西方故事，但《大错觉》的视觉呈现与传统方式有很大不同。无论小丑还是老鼠、云雀都胖得很畸形，小丑的头像一个土豆，与他的身体和四肢尤其是手中纤细的笛子反差强烈，而老鼠和云雀也都肚子肥胖，像是充了气的球。小丑闭着眼睛，面含微笑，而老鼠和云雀手舞足蹈，飘飘欲仙。整个画面表现了人与动物狂欢的场景，渲染出一种奇怪的快乐氛围。

　　水彩画《大错觉》（2003）。这幅画的正中间，一位马戏团小丑模样的人端坐在中世纪风格装饰的墙头上，怡然自得地吹着笛子，在小丑的两旁，各有一只老鼠，头顶上还有一只云雀，老鼠和云雀手舞足蹈，飘飘欲仙。无论小丑还是老鼠、云雀都胖得很畸形，整个画面表现了人与动物狂欢的场景，渲染出一种魔幻色彩的快乐氛围。

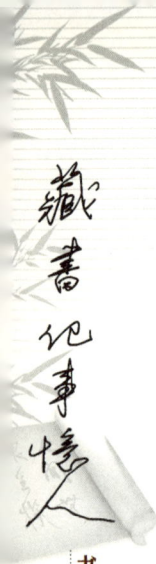

再看看另一幅画《高处》。这也是一幅水彩画，画于2005年。《大错觉》的主体是人物，而《高处》的主体是一幢建筑。但这幢建筑并不寻常，而是建在一株参天古木的枝丫上。这幢建筑是一座城堡，有着繁复的哥特式尖顶，坚硬的白色岩石城墙，以及功能复杂的配属建筑。画家将这么大规模的建筑体置于树枝上面，使人既可以想象这棵古树是何等巨大，又可以想象这个城堡的居民是何等渺小。特别怪异的是，这个城堡是没有底部的。如果把画翻过来看，仍然是哥特式尖顶。整个城堡更像是飘浮着落在树枝上，而不是把根基建立在树枝上。

这样的画，的确让人钦佩画家的想象力。但我想，人们也会产生褒贬两方面的评价。褒之者会认为这些画想象力丰富，充满童话色彩，能够启发人们的想象空间，开拓人们的思维。贬之者则会认为这些画荒谬不经，幼稚可笑，有荒诞与丑化的嫌疑。我因为多年学习外文，与外国人打交道，也接触过各种各样的外国艺术，所以，看了这些画后，我也有一些自己的想法。

我感到，这些画反映了西方人万物有灵的思想传统。无论古代的希腊罗马，还是中世纪的欧洲，都流传着大量神话传说与民间故事。与占据统治地位的宗教思想不同，这些神话传说和民间故事往往渲染万物有灵的思想，即无论飞禽走兽，还是草木山石，都有灵魂，都具有神力，都能施展魔法。这些神灵的世界与宗教描述的天堂地狱迥然不同，在这里，善恶、贵贱、美丑并不能截然分开。例如《浮士德》里的魔鬼，就以知识、爱情、事业等为诱饵，要把浮士德引向堕落，而在一般常识中，知识、爱情、事业等都是正面的、积极向上的。

在中世纪，万物有灵的观念主要渲染一种恐怖氛围，使人们虔诚地信仰宗教。但在文艺复兴及启蒙运动中，万物有灵的观念成了突破宗教禁锢、追求人类解放的一把钥匙。为了摆脱教会的控制，欧洲各国也不遗余力地挖掘各自的民间文化遗产，形成了

306

　　水彩画《高处》(2005)。《高处》画的是一座哥特式城堡, 飘浮
着落在参天古树的枝丫上。这个城堡没有底部, 如果把画翻过来看,
仍然是哥特式尖顶。画家将古堡置于树枝上面, 既可以使人想象这
棵古树是何等巨大, 又可以想象这个城堡中的居民是何等渺小。

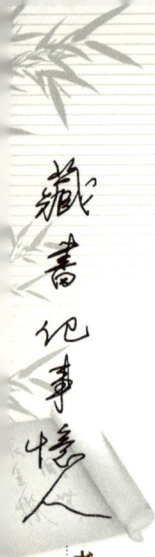

纷繁复杂的神话系统，成为今天滋养魔幻主义的沃土。

近些年来，魔幻主义进一步发展，大行其道。其中一个重要领域就是在文学艺术创作中。例如《哈里·波特》系列小说，影响面很广，连中国的孩子也几乎没有不知道的。还有系列电影《指环王》，获得多项奥斯卡金像奖。我到英国访问，就曾受邀观看音乐剧《指环王》，一个虚无缥缈的世界被演员们活生生地搬到了舞台上。

这本画册就是这个魔幻潮流中的一朵浪花。有意思的是，画家本人的经历也颇为独特。这位画家名叫丹尼尔·梅里亚姆。1963年，他出生在美国的缅因州，现居旧金山。他自称，他从事绘画工作，既源于家庭熏陶，又源于绘画的灵感。他的父亲是建筑师和工程师，经常在家里绘制建筑图纸，制作工具模型。这使他有了学画的基本条件。10多岁的时候，他就能画出很大的图画，这引起了他的父亲的注意。15岁，丹尼尔获得了一个绘画比赛的冠军，这使他信心倍增。后来，虽然他继承父业，学了建筑专业，但最终仍然走上了职业画家的道路。

据我们的朋友介绍，丹尼尔现在是美国魔幻主义绘画的代表人物之一，已经在世界各地举办了100多次个人画展。他在纽约曼哈顿设有个人画室，这本画册《梦者之眼》，就是从这间画室里买到的，上面留下了丹尼尔的签名。

《梦者之眼》共收录了134幅以梦境为主题的作品，画风轻灵，童趣与魔幻交融，充满浪漫主义、神秘主义的幻想气质。《梦者之眼》中的绘画，在配色、构图、造型，以及光影变化等方面都有鲜明的个人特色，反映出丹尼尔作为西方魔幻派代表画家的深厚功力。

柳田泰山：日本书法世家掌门人

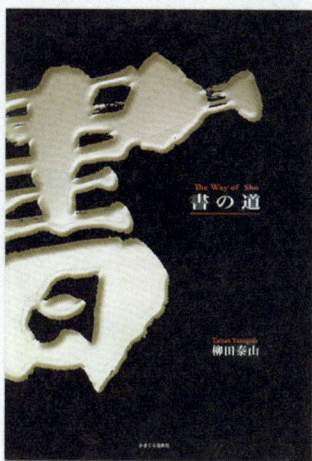

《书道》

    2010 年 11 月 3 日，我在中国美术馆欣赏了一次别开生面的书法表演。

    当我们走进美术馆 1 号展厅，展现在面前的是一大"块"宣纸。平时我们量化宣纸，一般使用"张"，但我们眼前的宣纸必须用"块"来量化，因为它实在是大。以我的目测，这张宣纸差不多有五六米见方，算起来，该有二三十平方米了。这么大一张宣纸，显然没有桌子可供铺陈，因此它被摆在了地上，下面衬以绿色绒布。

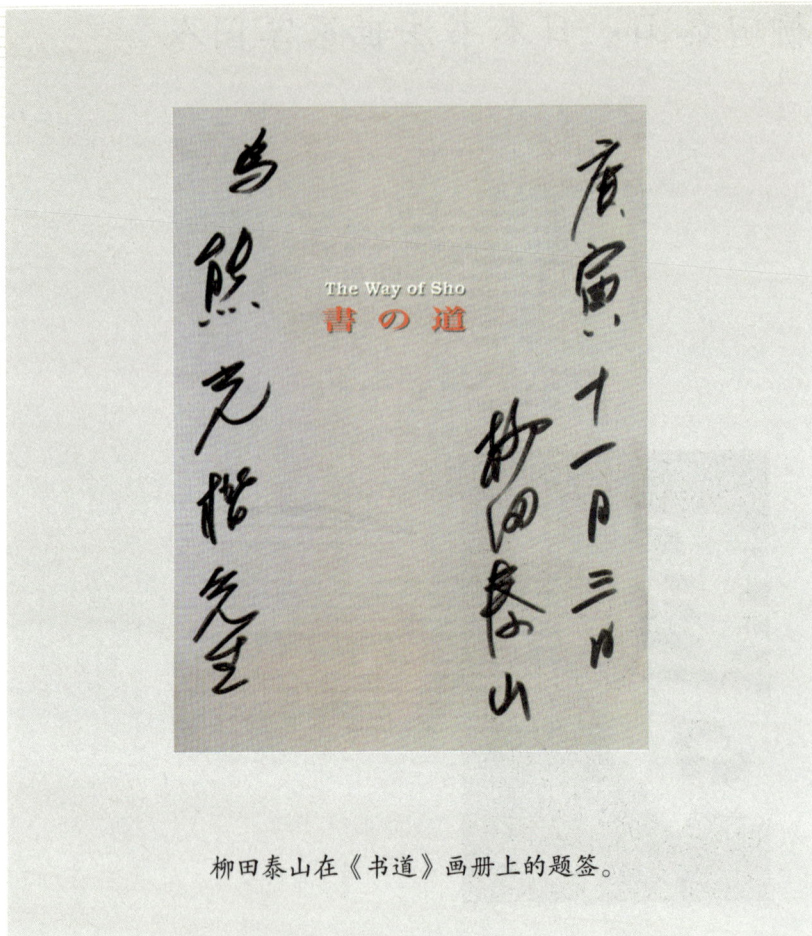

柳田泰山在《书道》画册上的题签。

　　我们在宣纸前面坐下，宣纸周围也站满了观众。大家好奇地等待着表演者——日本书法家柳田泰山登场。

　　在此之前，举办了"柳田泰山北京书法展"的开幕式。生于1950年的柳田泰山，今年刚好 60 岁。他是日本柳田书法家族的第四代传人，在日本组建了泰书会，以教授书法为业。早在 2002 年 5 月，为纪念中日邦交正常化 30 周年，他就曾经向人民大会堂、钓鱼台国宾馆、泰安市政府新办公楼赠送书法作品。他的赠书范围之所以包括泰山市政府，是因为柳田家族与泰山有着特殊缘分。他的祖父柳田泰麓、父亲柳田泰云，以及他的名字里都有"泰"字，而他索性就以"泰山"为名。更重要的是，1989 年 10 月，他的父亲柳田泰云曾经写下"国泰民安"四个大字，被刻在了泰山的玉皇顶上。此后不久，柳田泰云就以 88 岁高龄去世。可以说，柳田泰云把他的绝笔、他对中日两国人民的美好祝愿留在了中国，留在了泰山。

在人们期待之中，柳田泰山出场了。他先把鞋子脱了，只穿着袜子，静静地跪在宣纸底端，低头沉思片刻，然后抬眼打量这个即将由他独自表演的"舞台"。他的表情平静，双眉微锁，仿佛在积蓄力量，潜心谋划。观众们也跟着屏住呼吸，安静下来。大概感到现场气氛过于凝重了，站起身后，他突然提了提裤子说道："我太紧张了，裤子都松了。"在大家莞尔一笑中，他已经提起笔来。

这支巨大的毛笔一直放在宣纸中心，约有一人高，笔杆很粗，需要双手抱持，笔端的锋毫蓬松着，威风八面。柳田泰山介绍说："这支毛笔现在是 20 公斤，蘸满墨后将重达 30 公斤。"在人们的注视中，柳田泰山提笔走向墨池，把笔深深地浸入一大盆墨汁中，反复转动笔杆，使笔充分吸墨。他的动作缓慢滞重，显然是因为毛笔吸墨后重量陡增。

书法表演正式开始了。柳田泰山提起笔来，重重地落在宣纸上，一面反复按压，使墨汁力透纸背，一面缓缓挪动脚步，运笔形成字的笔画。看着他用力运笔的动作，以及笔下逐渐成形的汉字，我意识到，这个表演确实难度很大。在那么大的一张宣纸上，挥动那么巨大的一支毛笔，还要用墨均匀，笔画粗细一致，柳田泰山必须很好地控制自己的脚步，以及运笔的力度，脚步既不能过快，也不能过慢，笔锋既不能粘滞，也不能虚飘。笔重 30 公斤，又只能悬笔而书，柳田泰山必须把浑身的力量运用到这支毛笔上。

　　在"华"与"寿"之间，柳田泰山选择了写"华"字。表演前，他在宣纸前跪坐沉默，酝酿情绪（上图），然后，柳田泰山拿起饱蘸墨汁的巨大毛笔进行书法表演（下图）。

柳田泰山写了半个字，把笔放到墨池里重新蘸墨。早已经有助手把装墨汁的大盆抬到柳田泰山停笔的地方，并且小心地用一叠厚厚的宣纸垫在毛笔下面，以免毛笔上的墨汁洒溅，弄脏宣纸。柳田泰山写的是行草，又只写了半个字，所以整个字形还没有出来，人们还难以辨识。但因为宣纸太大，人们又不禁有些担心，剩下半个字能否占满剩余的空间，整个字的结构能否匀称？就在人们的疑惑中，柳田泰山重新拿起蘸满墨汁的大笔，继续他的表演。

仍然脚步凝重，仍然悬笔缓移，在柳田泰山的一笔一画中，一个繁体的汉字"华"逐渐显出形状。写最后一个"丨"画时，柳田泰山移动脚步，迈过"一"画，缓缓地拖动毛笔，以枯笔逐渐收于宣纸下端。"华"字便如摩岩石刻般出现在我们面前。助手迅速接过柳田泰山手中的巨大毛笔，换给他一支稍细一点的。柳田泰山接着便埋首在宣纸底端左右两边空白处落下了款识。

在我们的鼓掌声中，柳田泰山鞠躬致谢，表演结束。他说："今天腰有点不舒服，如果表演有不完善的地方，请原谅。"他又说，"这只是表演，目的是提高大家对书法的兴趣，并不是真正的书法艺术。"他还说了一句话，我觉得特别有意义。他说："原本还有一个候选的汉字，'寿'，但想来想去，还是决定写'华'，祝福中华，希望中日友好。"

这使我想起刊登在《中国文化报》上柳田泰山的一段话。2010年5月，在日本东京中日文化界知名人士座谈时，柳田泰山说："我的父亲说中国是父辈之国，要对他孝顺就要向中国学习，鼓励我学习中国的书法，为日中文化交流作贡献。我永远不会忘记父亲的临终遗言。"柳田泰山在表演中选择"华"字，正体现了他对加深中日友好的拳拳深情。

在许多热情友好的观众围住柳田泰山的时候，我沿着展厅一幅幅欣赏了他的书法作品。有一幅书法上面只有一个繁体"岩"字，我特别喜欢，真像是一块苍山中的峻峭巉岩。实际上，柳田泰山

第三部分 外国书画

作者在柳田泰山繁体汉字"岩"前留影。

作者与柳田泰山合影。

表演时写下的"华"字，也和"岩"字一样，属于"雄浑楷书"。据说，日本驻华大使官邸的大厅内就曾悬挂柳田泰山的雄浑楷书"巍峻岩邃"。相信一看到"巍峻岩邃"四个字，就能让人形象地联系到雄浑楷书的风格了。

当然，展厅里最引人注目的还是两幅几乎一模一样的楷书作品《孙过庭〈书谱〉》。一幅用金色的墨汁写在青色纸张上，称为"绀纸金泥"，另一幅是普通的白底黑字。绀纸金泥的系柳田泰山的父亲柳田泰云所书，作品旁边供奉着柳田泰云的牌位，白底黑字的系柳田泰山对父亲作品的临摹。孙过庭的《书谱》共有3700多字，一张纸写不下，因此被装裱在两块屏风上。以工整的楷书写下这么多文字，堪称艰巨的书法工程，因为只要有一个字在书写时发生错误，就会前功尽弃，只能从头再来。柳田泰山就是以这样虔诚、潜心临摹的方式，表明了他对父亲书法造诣的钦敬，以及家族艺术衣钵的继承。更有意义的是，绀纸金泥的《书谱》，是1984年柳田泰云赠送邓小平的礼物，是中日友谊的珍贵见证。而柳田泰山选择父亲的书法作品，与自己的临摹作品联袂展出，并且放在最醒目的位置，无疑表明了他对父亲致力于中日友好的继承之志。

参观结束后，我和柳田泰山进行了一番热情友好的交谈，赞赏他对中日文化交流作出的贡献，并且请他在《书道》一书上签字。这本书由柳田泰山编著，日文、英文对照，介绍了书法的基本知识、柳田家族书法的传承及美学追求。虽然只是初见，虽然交谈时间短暂，但告辞时，我们都有意犹未尽的感觉，于是我们相约，下次柳田泰山来北京时再相见。

第三部分 外国书画

315

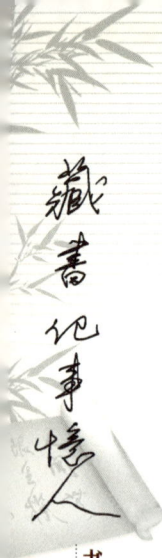

布热津斯基：战略家的涂鸦之作

　　布热津斯基是中美关系中的重量级人物。他于 1928 年出生于波兰，父亲是外交官，幼年随父母生活在国外，后移居美国并加入美国籍。1961 年，布热津斯基出任肯尼迪总统的外交政策顾问，1977 年出任卡特总统的国家安全事务助理。正是在此任上，布热津斯基访问中国，对实现中美建交起到了重要推动作用。布热津斯基是国际知名的国际关系、地缘战略专家，是美国最著名的智囊人物之一，他的著作《大棋局》《大抉择》《大失败》《大失控》等影响广泛，也都有中文译本。

　　多年来，我和布热津斯基一直保持交往，各自服务于自己的国家利益，并探讨发展中美关系的各种可能选择。2004 年 1 月，我以中国国际战略学会会长的身份，邀请他访华。除了在北京的活动外，我还陪着他驱车 200 多公里，访问了河北承德。在承德，他不但参观了著名的避暑山庄，还考察了当地的经济状况。他对我说："北京的发展很好，距离北京 200 多公里的承德，发展得也很好。这说明中国是全面均衡的发展。俄罗斯不是这样。莫斯科很好，但离开莫斯科 200 公里，发展水平就与莫斯科相差很多。"2007 年 10 月底，我再次以中国国际战略学会会长的身份，邀请 79 岁的布热津斯基偕夫人访华。除了与我国领导人会见，在战略学会演讲并座谈外，我还和夫人寿瑞莉陪同他们远赴河南、广西等地参观访问。由于这些交往，我得到了布热津斯基几乎所

　　2010 年 7 月 14 日，在郑州"森林斜纹"雕塑落成揭幕仪式上合影。右五为布热津斯基，右六为雕塑家埃米尔·布热津斯基，右七为作者，右三为作者的夫人寿瑞莉。橡木雕塑"森林斜纹"通过对树干的选材与加工，展现树木本身的美感与生长经历，体现"为生命奋斗"的精神。

有重要著作的签名盖章本，但我没想到，这次河南之行，还使我最终收藏了一本非常特殊的布热津斯基涂鸦之书。

　　这个特殊的藏品需溯源到布热津斯基的夫人埃米尔·布热津斯基。埃米尔是一位现代主义的雕塑家，她最喜欢的雕塑材料是巨大的原木树干，拥有自然的扭曲与节疤。2007 年 11 月 4 日晚上，时任河南省省委书记的徐光春会见我们一行并设晚宴款待。席间，听说埃米尔是位雕塑家，时任郑州市市委书记的王文超说，郑州新建中的郑东新区也规划了一处雕塑相对集中的景区。说着

说着，就有了邀请埃米尔为郑东新区创作雕塑的想法并得到在场人士的一致赞同。

在以后的日子里，埃米尔首先想到一尊儿童雕塑，我们已经看到了照片，并且开始商量船运价格了。此时，埃米尔听说郑州为这尊雕塑设计的陈列地点在广场上，认真的她觉得广场太大，"身材"较小的儿童雕塑无法与之相配，于是决定换成她最拿手的巨型原木雕塑。不久后，这尊名为"森林斜纹"的雕塑就跨海越洋来到了中国，抵达了河南郑州。

2010年7月，得悉布热津斯基受邀访问蒙古，我便邀请他偕夫人顺访中国，到郑州出席"森林斜纹"揭幕仪式。7月13日晚，我们夫妇陪同布热津斯基夫妇飞抵郑州。7月14日上午，"森林斜纹"在郑东新区 CBD 红白花公园揭幕，我和河南省、郑州市的一些领导出席了揭幕仪式。"森林斜纹"是一件现代主义的橡木雕塑，通过对树干的选材与加工，展现树木本身的美感与生长经历，体现"为生命奋斗"的精神。在揭幕仪式上，埃米尔热情洋溢地讲述了这件雕塑的创作过程和寓意，现场气氛温馨热烈。

当天下午，我们就飞返北京。布热津斯基夫妇预订的航班是直接从首都机场转机返美的，我和夫人于是就在机场为他们送行。在机场贵宾厅，埃米尔将她签名的画页《家庭树》送给我们夫妇，作为回赠，我将《藏书·记事·忆人：印章专辑》赠送给他们夫妇。虽然不会中文，但布热津斯基当场就在我的解释之下很认真地翻阅了我的书。对于我能搜集到那么多重要的盖章书，他很惊奇。他说："我也有一本很特别的图画书，对于我来说很有纪念意义，我回到美国后会寄给你。"

没过多久，一位从美国回来的朋友就带回了布热津斯基的"特殊的书"。书名是《书目与图画》，分为三个部分，第一部分是他的著作目录及相关版本，第二部分是他分析有关政治进程及国际事件的文章目录，第三部分是他撰写的有关外交政策行动的文章

　　埃米尔·布热津斯基与她的雕塑作品《家庭树》。埃米尔是一位现代主义的雕塑家，她最喜欢的雕塑材料是巨大的原木树干，拥有自然的扭曲与节疤。《家庭树》由一组凿空的原木树干组成，凿空部分贴着布热津斯基全家的大幅黑白照片，表现了人与自然相互依存、相互融合的状态。

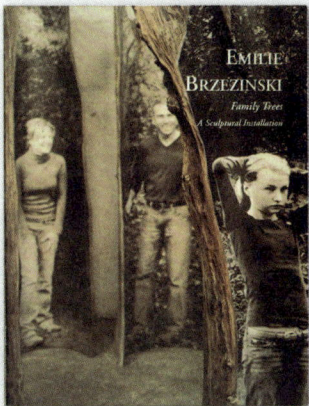

Emilie Brzezinski

　　《家庭树》封面及埃米尔·布热津斯基签名。

布热津斯基的涂鸦之作均由黑白线条组成，形式抽象，装饰性较强。如在《大失控》一书旁边配的图画，看起来像是一张建筑草图，但除了楼梯台阶可以理解外，其他线条似乎都没有什么逻辑联系（图①）；在《大失败》一书版本信息旁边配的图画，看起来像是一架正在飞行的宇宙飞船，但并没有明确画出机翼、机尾、驾驶舱等形象（图②）。布热津斯基也无法说清这些下意识的涂鸦之作的明确内涵，但他认为，这些涂鸦中都体现了某种"平衡的感觉和内在的联系"。布热津斯基一共有258幅这样的涂鸦之作，《书目与图画》中刊登了34幅。

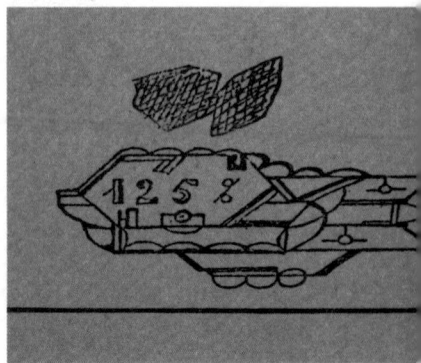

布热津斯基的《书目与图画》，其特殊之处在于，它是纯粹手工制成的书，使用手工制作的亚麻纸，由人工装订而成。亚麻纸手感粗糙，色泽米黄，边缘凹凸不齐，但给人一种原始的质朴感。这本书总共印了150册，均有布热津斯基的签名。赠送给作者的这一册，编号为2。

布热津斯基在《书目与图画》上的签名

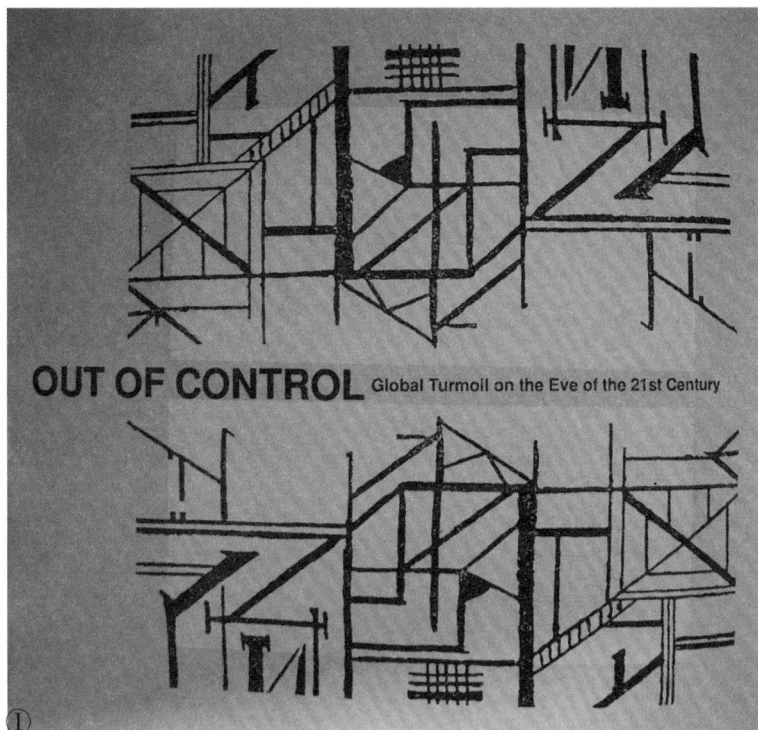

OUT OF CONTROL Global Turmoil on the Eve of the 21st Century

①

第三部分 外国书画

目录。每一部分均配有布热津斯基的黑白图画。这些图画均由简单的线条组成，虽然包括一些可以理解的图形，但整体上比较抽象，装饰性较强。如在《大失败》一书版本信息旁边配的图画，看起来像是一架正在飞行的宇宙飞船，但并没有明确画出机翼、机尾、驾驶舱等形象；在《大失控》一书旁边配的图画，看起来像是一张建筑草图，但除了两段楼梯台阶可以理解外，其他线条似乎都没有什么逻辑联系。

在简短的序言中，布热津斯基谈到这些图画，他说，这些不是图画，只是下意识的涂抹，应该称之为"涂鸦"，是他在开会、谈判等情况下，受到会场氛围、谈话主题等因素影响，下意识地画出来的，所以他也无法说清这些涂鸦的明确内涵，但有一点很明确，就是这些涂鸦有一种"平衡的感觉和内在的联系"。布热津斯基一共有258幅这样的涂鸦之作，书中刊登了34幅。

这本书的最特殊之处是，它是纯粹手工的作品，使用手工制作的亚麻纸，由人工装订而成。亚麻纸手感粗糙，色泽米黄，边缘凹凸不齐，但给人一种原始的质朴感。书中的涂鸦、照片、文字都经过了做旧处理，很切合于亚麻纸的质感。整本书又用涂抹纸浆的亚麻布纸板包装，益发显出朴素的艺术气质。这本书总共印了150册，均有布热津斯基的签名。赠送给我的这一册，编号为2。

在大量严谨的政治外交工作与学术活动之余，布热津斯基还有这些涂鸦之作，并且竟然用这种别致的方式印刷出来，分赠好友，这使我认识到了布热津斯基的另一面，也使我更加理解他与作为雕塑家的夫人在艺术上的契合。

后记

　　人们常常单纯地认为，收藏属于个人爱好，只要自己喜欢就够了。但事实上，一旦投入到收藏爱好之中，就远远不是一个人的事了，收藏往往会变成家庭工程、社会工程。我很庆幸，在收藏道路上，夫人和孩子从来都是坚定的支持者、协助者，社会各界的朋友也给予了大力帮助。这种收藏，可谓夫妇同行、全家同心、朋友同力。

　　藏书，收藏签名盖章书，是我和夫人寿瑞莉的共同爱好。迄今，我们收藏的 3000 多册签名盖章书，可以说都是我与寿瑞莉共同努力的成果。

　　我开始收藏的时候，还没有离开军队的工作岗位。那时候，工作繁忙，对于收藏，我常常是有力"收"而无力"藏"。"藏"的工作就大部分托付给了寿瑞莉。在我们的书房里，有 16 个摆满签名盖章书的书架。架上的书，每一本都是寿瑞莉先用电脑登记好然后再按顺序摆放整齐的。这是一桩多么烦琐而浩大的系统工程！寿瑞莉是在五六十岁之后才学习电脑操作的，她的打字速度并不快，因此，整理这些书的工作量更显艰巨。

　　除了管理、分类外，寿瑞莉还是这些书的重要阅读者与欣赏者。许多书，我还没有来得及看，她就先看了，还把书中的精彩部分推荐给我。寿瑞莉还经常给我建议，应该收集谁的书，应该在哪个方面加强收藏，所以许多签名盖章书是送给我们两个人的。

因此，这本《藏书·记事·忆人：书画专辑》的作者虽然仍然是我，但收藏者是我和寿瑞莉。我和寿瑞莉同样出生于 1939 年，同样属兔，2011 年是农历兔年，也是我们的本命年。《木兰辞》中写道，"雄兔脚扑朔，雌兔眼迷离；双兔傍地走"。在收藏的道路上，我和寿瑞莉就是这样携手同行。

没有家人的帮助，我们的收藏工作不可想象；同样，没有热心朋友的帮助，我们的收藏工作也不可想象。每次出书，我们都想尽可能多地把朋友们赠送的签名盖章书收录进去。可是每一次，我们都会产生非常强烈的遗珠之憾。其实，朋友们赠书给我们，也并不是为了能够在我们的书中出头露面。他们的写作是为了社会、为了人生。但作为受赠者，却因为篇幅所限，无法尽情展示，心中总是有些缺憾的。在此，我们要感谢所有把签名盖章书赠送给我们的朋友，感谢他们在为社会为人生创造精神财富的同时，也把一瓣心香留在了我们的书架上。

我们还要感谢所有帮助我们搜集签名盖章书的朋友。你们帮助我们充实了书架，可是书架上却没有留下你们的印记。所以说，你们的帮助是无形的，但也因此更加无私。请相信，即使书中没有点到，我们心中仍然铭记你们的帮助。特别是我的一些中国驻外大使、武官朋友们，由于篇幅原因，也为了避免重复，我没有一一点到你们的帮助和贡献，在此一并表示感谢！

对于书画，我们虽然喜爱，但毕竟不很内行，在我们收藏与写作过程中，征求过许多书画界朋友的意见。特别感谢中国美术家协会主席刘大为先生、中国书法家协会主席张海先生为《书画专辑》题词，感谢中国收藏家协会书画收藏委员会常务主任张忠义从书画鉴赏角度提出许多中肯意见。

这本《书画专辑》的书名《藏书 · 记事 · 忆人》仍是季羡林先生生前所写，作者画像仍是袁熙坤先生绘制，封面、封底等处采用的双兔画是韩美林先生绘制，在此一并表示感谢！

前两本《藏书·记事·忆人》均由新华出版社出版。这本《书画专辑》亦然。感谢新华出版社的领导、编辑持久的热情与辛勤的工作。感谢美天时彩色制作中心设计封面并对内文全彩排版。

　　从 2008 年开始，至此，《藏书·记事·忆人》已经出版了三本。这三本的侧重点虽有不同，但我们感到，整体质量还是不断提高了。雄关漫道真如铁，而今迈步从头越。目前，我们已经设想了几个新的专辑，希望在未来几年里，我们还能收藏更多，介绍更多，与读者朋友们分享更多……